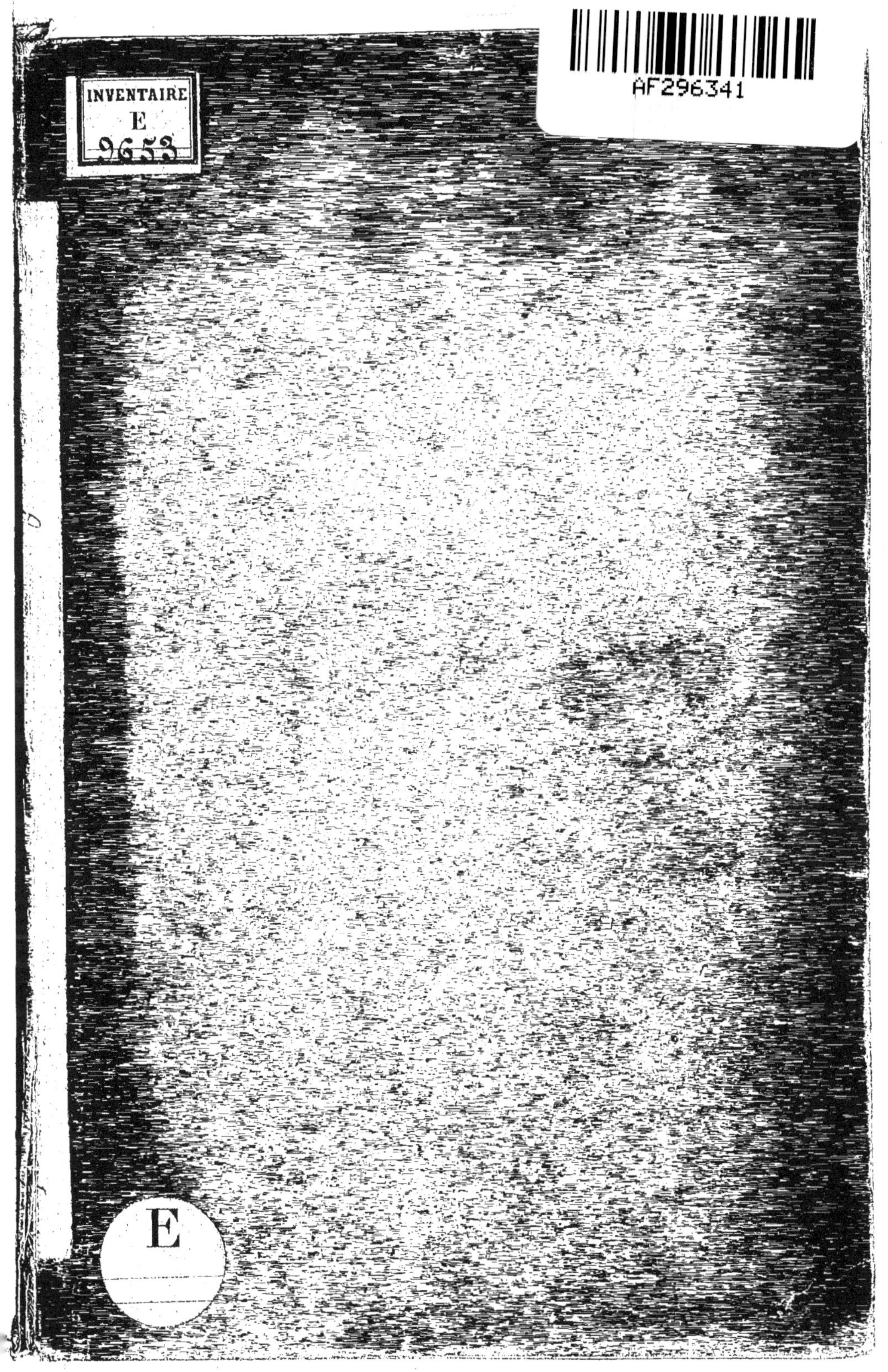

RECHERCHES

SUR LE

DUEL JUDICIAIRE

ET LA

Doctrine Ecclésiastique

ÉTUDE DE DROIT CANONIQUE

PAR

A. SAPLAYROLLES

AVOCAT

DOCTEUR EN DROIT

PARIS

ANCIENNE LIBRAIRIE THORIN ET FILS

ALBERT FONTEMOING, ÉDITEUR

Libraire des Écoles françaises d'Athènes et de Rome
du Collège de France et de l'École Normale Supérieure

4, Rue Le Goff, 4

1902

RECHERCHES

DUEL JUDICIAIRE

DOCTRINE ECCLÉSIASTIQUE

E

9653

RECHERCHES

SUR LE

DUEL JUDICIAIRE

ET LA

Doctrine Ecclésiastique

ÉTUDE DE DROIT CANONIQUE

PAR

A. SAPLAYROLLES

AVOCAT

DOCTEUR EN DROIT

PARIS

ANCIENNE LIBRAIRIE THORIN ET FILS

ALBERT FONTEMOING, ÉDITEUR

Libraire des Écoles françaises d'Athènes et de Rome
du Collège de France et de l'École Normale Supérieure

4, Rue Le Goff, 4

1902

BIBLIOGRAPHIE

AGOBARD. — Dans Migne, Patrologie latine, t. 104.

ATTON. — *Id.*, t. 124.

SAINT-AUGUSTIN. — *Id.*, t. 33, 34, 41 ,42.

SAINT-BERNARD. — *Id.*, t. 182.

BURCHARD. — *Id.*, t, 140.

GRATIEN. — Dans *Corpus juris canonici*, éd. Friedberg, *pars. prior.*

HINCMAR. — Dans Migne, Patrologie latine, t. 119.

PIERRE LE CHANTRE. — *Id.*, t. 205.

PIERRE DE POITIERS. — *Id.*, t. 211.

RÉGINON. — *Id.*, t. 134.

YVES DE CHARTRES. — *Id.*, t. 161, 162.

D'ARBOIS DE JUBAINVILLE. — Cours de littérature celtique, Paris, Thorin, 1883.

J. BODIN. — La République (les 6 livres de), IV. Genève, Gabriel Cartier, 1608.

J. BRISSAUD. — Manuel d'histoire du Droit français. Paris, Fontemoing, 1899.

Dom BRUGELES. — Chroniques ecclésiastiques du diocèse d'Auch. Toulouse, Robert, 1746.

BRUNS. — Beiträge zu den deutschen Rechten des Mittelalters.

BRUSSEL. — Usage général des fiefs en France. Paris, 1727.

A. CHARAUX. — Saint Avite, sa vie et ses œuvres. Paris, Colin, 1876.

ESMEIN. — Histoire de la procédure criminelle en France. Paris, Larose et Forcel, 1882.

FOUGEROUX DE CAMPIGNEULLES. — Histoire des duels anciens et modernes. Paris, Just. Teissier, 1835.

P. FOURNIER. — Yves de Chartres et le droit canonique. Paris, aux bureaux de la Revue historique, 1898.

GLASSON. — Histoire du Droit et des institutions de l'Angleterre. Paris, Pédone-Lauriel, 1882-1883.

GUÉRARD. — Cartulaire de Notre-Dame de Paris, II. Paris, Crapelet, 1850. — Cartulaire de l'abbaye de Saint-Père de Chartres. Paris, Crapelet, 1840.

HESSELS ET KERN. — *Lex salica*. London, Murray, 1880.

M. KOWALEWSKY. — Coutume contemporaine et loi ancienne. Paris, Larose, 1893

LIGUORI. — *Institutiones S. Alphonsi Mariæ de Ligorio*, I, 10ᵉ édition. Rome, 1900.

P. MARCHEGAY. — Archives d'Anjou. Angers, Labussière, 1843.

PALLAVICINI. — *Historia concilii Tridentini III*.

F. PATETTA. — Le Ordalie, *Studio di storia del diritto e scienza del diritto comparato*. Torino, fratelli Bocca, 1890.

M. QUANTIN. — Cartulaire général de l'Yonne. Auxerre, Perriquet, 1854.

FRA-PAOLO SARPI. — Histoire du concile de Trente, trad. Le Courayer.

J. Savaron. — Traicté contre les duels ; à Paris, chez Chevalier, 1614.

J. Sirmond. — *Hincmari Remensis archiepiscopi opera.*

P. C. de Smedt. — Les origines du duel judiciaire, dans compte rendu du 3me Congrès scientifique international des catholiques, partie historique. — Le duel judiciaire et l'Eglise, extrait des « Etudes », du 15 janvier 1895. Paris, Retaux.

Tacite. — Ed. Nisard, Mœurs des Germains.

Tanon. — Histoire des justices des anciennes églises et communautés monastiques de Paris. Paris, Larose, 1883.

Tite-Live. — Histoires.

Tardif. — La procédure civile et criminelle aux treizième et quatorzième siècles. Paris, Picard, 1885.

P. Viollet. — Etablissements de saint Louis, 1. Paris, Renouard, 1881.

Bibliothèque de l'Ecole des Chartes, XLVI, année 1885.

Du Cange. — *Glossarium mediæ et infimæ latinitatis* V^s *duellum, judicium Dei, ordela.* Paris, Didot, 1843.

Conférences ecclésiastiques du diocèse d'Angers sur les Commandements de Dieu, tenues dans les années 1713 et 1714, sur le huitième commandement.

Corpus juris canonici, éd. Friedberg.

Corpus juris germanici, éd. Walter, Berlin, Reimer, 1824.

Durand de Maillane. — Dictionnaire de droit canonique et de pratique bénéficiale ; 3e édition, Lyon, Duplain, 1776.

Héfélé. — Histoire des Conciles, trad. Delarc.

Histoire du Languedoc (dom Devic et dom Vaissette), IX. Toulouse, Privat, 1872.

Histoire des Papes, IV, La Haye, 1704.

Mansi. — Recueil des Conciles.

Mémoires de la Société des antiquaires de Normandie, XXII.

Migne. — *Patrologiæ cursus completus, series latina,* t. 33,

34, 41, 42, 59, 80, 89, 99, 104, 105, 110, 119, 124, 132, 134, 146, 161, 162, 182, 200, 205, 210, 211, 215, 219.

Monumenta Germaniæ historica, éd. Pertz, Legum, sect. I, t. 2, 3, 4, 5; sect. II, t. I.

Nouvelle revue historique, années 1887, 1889.

Recueil des historiens de la Gaule et de la France, V, VI.

WAGNER. — Dictionnaire de droit canonique, V° *duel*. Paris, Walzer, 1894.

INTRODUCTION

Le duel judiciaire est un des moyens de preuve
anciennement en usage après les invasions. Sur l'ordre
du juge, les parties l'employaient pour montrer leur bon
droit que la victoire, comme un signe évident de l'autorité divine, devait manifester. Il est intéressant de
rechercher la nature et l'origine de cette voie de
justice; j'y consacrerai ce préambule.

Le duel judiciaire est un point de l'évolution dont le
premier terme est l'idée de vengeance privée ou *faida.*
Dans une civilisation primitive, lorsque les hommes
étaient divisés en clans ou *gentes*, l'injure faite à un
membre du clan fut ressentie par tous les autres
membres; la famille, nombreuse et solidaire, devait
réprimer ce méfait; l'offensé avait le droit, par lui-
même, par un de ses proches ou par une action com-
mune, de tirer vengeance de l'offenseur. Mais les rôles

changeaient quand celui-ci était, à son tour, victime
de représailles ; son clan prenait sa défense et la lutte
recommençait (1).

Le combat interfamilial se continua, sans doute, aussi
longtemps que les clans ennemis existèrent, à moins
que l'un d'eux, vu son infériorité numérique, ait préféré se soumettre. Cette phase de la vengeance privée
dura jusqu'à ce que, en vertu d'un principe utilitaire
ou peut-être d'une entente interfamiliale, les intéressés
réglèrent seuls leur différend.

Dès lors, quand un membre de la famille reçut une
offense il en tira lui-même réparation vis-à-vis de
l'agresseur et celui-ci, en cas de blessure, ne réclamait
plus l'aide du clan dont il était originaire. L'idée de
vengeance s'effaçait lentement, les parties étaient intéressées surtout par la solution de leur litige particulier. La bataille interfamiliale eut alors un succédané,
le duel, simplification conforme à la marche des institutions, car celles-ci tendent au plus grand résultat
pour le moindre effort : les parties conviennent que,
pour résoudre leur différend, elles lutteront par les armes et que le vainqueur aura le droit ; c'est le duel
conventionnel dont l'existence est subordonnée à la
seule convention des parties.

Plus tard, un mode nouveau de la bataille apparut ;
à une époque plus moderne, il parut inadmissible que
chacun pût se rendre à lui-même la justice ; l'ordre

---

(1) Maxime Kowalewsky, *Coutume contemporaine et loi
ancienne*, pp. 395, 396.

général exigeait que chaque individu respectât l'autorité du juge. Les procès furent donc portés devant des tribunaux qui décidèrent que la preuve serait faite suivant divers modes, dont l'un fut le duel. Celui-ci n'a plus son origine dans la convention des parties, il est ordonné par des juges, c'est le duel *judiciaire* qui, par la détermination légale des cas où il peut se produire, restreint le champ du duel *conventionnel*; sa forme, d'ailleurs, demeure harmonieuse avec les souvenirs belliqueux dont la suppression aurait été malhabile et peut-être vaine. Mais, à cet élément national du duel judiciaire s'ajouta une idée étrangère, l'invocation à la divinité; les adversaires, sur le point de commencer le combat, mettent leur confiance en Dieu qui manifestera le bon droit par la victoire; l'entrée du sentiment religieux dans le domaine du droit n'est au reste, nullement étrange si l'on songe que les peuples jeunes sont superstitieux. Ainsi constitué, le duel judiciaire fut un perfectionnement du duel conventionnel et j'adopte là-dessus l'opinion du P. de Smedt.

« Le duel, ainsi autorisé et même prescrit par la loi, dit-il, nous apparaît toujours maintenant comme une institution bien barbare. Et pourtant, si l'on tient compte de l'état de la société et des esprits, au temps et dans le milieu où elle fut établie, il n'y a rien de paradoxal, me semble-t il, à affirmer qu'elle fut un pas en avant dans la voie de la civilisation. Elle apportait certainement à l'état préexistant des modifications qui peuvent être regardées comme des progrès. Chez les anciens Germains, les armes étaient, pour les hommes libres, comme le moyen régulier de vider leurs querelles au sujet de leurs droits. Maintenant, la loi limite ces sortes de guerres privées aux cas où le droit ne peut pas être suffisamment constaté par les moyens dont dispose l'autorité judiciaire; de plus, elle exige que cette autorité prononce qu'il y a lieu de recourir à ce moyen extrême; enfin, elle le soumet à des délais, à des règlements, à des formalités, les plus favorables possible pour faire triompher la justice. Le nom même de *jugement de Dieu*, les protestations solennelles, les serments et les autres rites religieux qui semblent y avoir présidé, à peu près dès son origine, étaient bien propres, chez des peuples aussi accessibles aux terreurs religieuses que l'étaient les Germains, à donner plus d'assurance à l'innocent et à paralyser plus ou moins les forces du coupable (1). »

Le duel judiciaire était une des voies de procédure ordonnées par les juges; mais la preuve pouvait être faite autrement : par l'eau chaude, par l'eau froide, par le fer rouge, etc. C'étaient les épreuves judiciaires ou ordalies, par lesquelles une partie s'efforçait de montrer son bon droit en requérant l'intervention divine. Tous les auteurs ne rangent pas le duel parmi les ordalies, notamment M. Kowalewsky (2) et le

---

(1) P. C. de Smedt, *Les origines du duel judiciaire* ap. *Compte-rendu du troisième Congrès scientifique international des catholiques*, pp. 245, 246.

(2) M. Kowalewsky, *op. cit.*, p. 395.

P. de Smedt (1), suivant lesquels l'invocation à la divinité, principale dans les ordalies, n'est qu'accessoire dans le duel. Il est exact que le duel se distingue des épreuves judiciaires précitées ; celles-ci sont nées exclusivement du sentiment religieux ; le duel, au contraire, a ses racines dans la bataille interfamiliale dont il est une atténuation ; il se forme d'un élément ancestral et d'un élément religieux. Aussi, l'Eglise ne la règlemente pas, elle se borne à l'autoriser ou à le tolérer avant de le proscrire, tandis qu'elle fait des ordalies de véritables cérémonies religieuses. Néanmoins, le duel est, à mon sens, une ordalie, du jour où il est ordonné par un juge, « comme moyen extrême », suivant l'expression du P. de Smedt, comme un aveu de l'impuissance des hommes à rendre la justice, un dessaisissement des tribunaux humains au profit de l'équité divine. D'ailleurs, le pape Grégoire IX (1227-1243), dans la collection de ses Décrétales, distingue la *purgatis canonica* (2) (lib. V, tit. 34), qui comprend l'aveu et le serment, admise par l'Eglise, de la *purgatio vulgaris* (3) (lib. V, tit. 35), qui comprend le duel et les autres ordalies, « duella et aliæ purgationes vulgares prohibitæ sunt » et, à l'appui de ce principe, Grégoire IX cite deux lettres de Célestin III (1191-1198) et d'Innocent III (1198-1216) concernant le duel et une lettre d'Honorius III (1216-1227) au sujet

---

(1) De Smedt, *op. cit.*, p. 233, note.
(2) *Corpus juris canonici*, éd. Friedberg, II, col. 869-877.
(3) *Corpus juris canonici*, éd. Friedberg, II, col. 877-878.

de l'épreuve du fer chaud. D'autre part, Du Cange, dans le *Glossarium*, définit l'*ordela* (1) : « quodvis judicium divinum, purgatio vulgaris, modus criminis purgandi » ; les principales ordalies sont : « Aquæ frigidæ judicium, campiones, Duellum, Ferrum candens. » Sur le mot *judicium Dei* (2), Du Cange oppose la *purgatio canonica* à la *purgatio vulgaris* « quæ fit per duellum, ferrum candens. » Le duel, comme les autres épreuves judiciaires, est donc une forme du jugement de Dieu.

Quelle est l'origine du duel judiciaire ?

M. Kowalewsky, à l'occasion d'une coutume des Ossètes (3), étudie cette procédure d'après les monuments du droit général et parvient à cette conclusion « que le duel, avant de devenir une preuve judiciaire, n'était qu'une sorte de vengeance simplifiée (4). Rien en cela ne contredit l'évolution du duel telle que je l'ai décrite ; le duel conventionnel, réduction de la guerre privée, a précédé, en effet, le duel judiciaire. Mais M. Kowalewsky n'établit pas une différence appréciable entre ces deux moments du duel ; il cite notamment, comme exemple de duel judiciaire, le combat par lequel les Celtibères résolvaient les litiges relatifs à la propriété, procédure que M. d'Arbois de Jubain-

---

(1) Du Cange, *Gloss.*, v° *ordela*.
(2) *Ibid.*, v° *judicium Dei*.
(3) Kowalewsky, *op. cit.*, p. 391.
(4) *Ibid.*, p. 395.

ville (1) déclare générale au pays celtique et qui est, à coup sûr, un cas de duel conventionnel. M. Kowalewsky donne, dans sa conclusion, l'origine du duel avec ce dernier caractère, mais il ne détermine pas précisément d'après quel processus la convention des parties fut remplacée par l'autorité du juge.

L'étude du P. de Smedt, au contraire, s'applique spécialement au duel judiciaire ; « un fait remarquable, dit-il, à relever d'abord dans l'histoire de cette instition, c'est qu'elle n'apparaît que chez les nations de race germanique, et cela seulement depuis leur conversion au christianisme (2). » Donc : 1° les nations de race germanique seules ont connu le duel judiciaire, et, à l'appui de cette affirmation, le P. de Smedt cite le sentiment de M. Patetta, suivant lequel les peuples de l'Inde, de l'Égypte, des pays Slaves, les peuplades d'Afrique, d'Amérique et d'Océanie ont ignoré ce mode de justice et l'avis de M. d'Arbois de Jubainville, identique en ce qui concerne les Celtes ; — 2° les nations de race germanique ont connu le duel judiciaire seulement après leur conversion au christianisme ; cela ressort, suivant le P. de Smedt, du silence des vieux historiens qui ont étudié les mœurs des Germains et de ce fait que la loi salique, la seule loi antérieure à la conversion des Barbares au christianisme, connaît l'épreuve de l'eau bouillante mais non le duel judiciaire ; au contraire, les lois barbares postérieures à cette conversion

---

(1) *Nouvelle revue historique*, 1889, p. 729.
(2) De Smedt, *op. cit.*, p. 234.

2

l'admettent, notamment les lois des Bourguignons, des Ripuaires, des Bavarois, des Alamans, des Frisons, des Saxons, des Thuringiens, l'édit de Rotharis, les lois de Liutprand (1).

Sur le premier point, je ne crois pas que le duel judiciaire ait été l'apanage des seuls Germains, je suis d'avis, au contraire, que les civilisations ayant suivi, dans le développement de leurs institutions, un processus quasi-semblable, le duel judiciaire a pu être anciennement un mode général de juger. D'ailleurs, une même institution n'atteint pas toujours et partout son développement parfait ; elle peut avoir ici un arrêt précoce dans son évolution, parvenir là à une phase plus avancée ; il ne faut donc pas exiger, parce que, dans les pays germaniques ou influencés par les mœurs germaines, le duel a suivi son évolution intégrale, qu'ailleurs se retrouve une évolution identique ; il suffit de reconnaître des possibilités, et celles-ci existent, puisque le duel conventionnel, admis chez bien des peuples, est un duel judiciaire en puissance.

Sur le second point, il est certain que les lois qui admettent le duel judiciaire sont postérieures à la conversion des Barbares au christianisme. Néanmoins, les Germains, suivant Tacite (2), les Celtibères, sui-

----

(1). Cf. sur ces lois barbares de Smedt, pp. 234-240 et notes.

(2) Tacite, *Œuvres, Mœurs des Germains*, X. « Ejus gentis cum qua bellum est, captivum quoquo modo interceptum, cum electo popularium suorum, patriis quemque armis committunt ; victoria hujus vel illius pro præjudicio accipitur. » C'est ce que le P. de Smedt appelle le duel augural.

— 19 —

vant Tite-Live (1), connaissaient le duel conventionnel,
de même les Celtes (2) et je peux dire, dès lors, qu'ils
ont pu faire usage du duel judiciaire. En effet, si la
transition est obscure entre l'un et l'autre, elle a existé
néanmoins : le duel conventionnel avait lieu, sans
doute, au moins à une certaine époque, devant des
arbitres qui, peu à peu, s'étant transformés en juges,
ordonnèrent le duel, désormais judiciaire. Si, d'autre
part, on considère que la superstition enchaîne les
peuples jeunes et qu'elle donna naissance, partout, aux
ordalies, il sera facile de conclure qu'entre le duel
judiciaire et le christianisme n'a existé aucune relation
de cause à effet et que s'il y a eu concomitance, celle-
ci fut fortuite.

Le duel judiciaire est donc formé d'un élément
intrinsèque, l'idée atténuée de la *faida* et de l'élément
extrinsèque qui créa seul les autres ordalies, l'invocation à la divinité ; le duel judiciaire fut en usage
dans les civilisations qui dépassèrent la phase du duel
conventionnel dont il est un perfectionnement.

J'abandonnerai maintenant ces considérations générales pour mettre le duel judiciaire en présence de la

____

(1) Tite-Live, *Histoires, lib. XXVIII*, c. 21. « Quidam, quas
disceptándo controversias finire nequierant aut voluerant, pacto
inter se, ut victorem res sequeretur, ferro decreverunt. »
Cf. *Nouvelle revue historique*, 1889, p. 729.
(2) De Smedt, *op. cit.*, p. 234, note 4. D'Arbois de Jubainville, *Cours de littérature celtique*, v. pp. 36-70.

doctrine de l'Eglise que j'étudierai successivement dans les écrits de quelques canonistes ou docteurs — et ce sera le point important de mon travail — dans les canons des conciles, dans les décrétales des papes.

I. — LES CANONISTES

AVITUS

Dès l'apparition de la loi Gombette, l'évêque de Vienne (1) s'efforça de faire abolir celles de ses dispositions qui autorisaient le duel judiciaire et, comme il était familier du roi Gondebaud, « il lui fit là-dessus les représentations les plus sages, mais il n'en put rien obtenir (2). »

Avitus n'a lui-même rien écrit sur le duel, et la connaissance que nous possédons de ses sentiments à l'égard de cette épreuve judiciaire nous est fournie par Agobard, archevêque de Lyon, postérieur à lui d'environ trois siècles. Ce dernier, dans une lettre à Louis le Débonnaire, raconte un entretien d'Avitus et de Gondebaud dont le P. de Smedt donne la traduction suivante : « Comme le saint évêque, raconte Agobard, s'entretenait avec le roi de ces combats singuliers et les blâmait, Gondebaud lui répondit : « Mais quoi ! dans les querelles qui s'élèvent entre les royaumes et

---

(1) Avitus, évêque de Vienne, mort en 518, mena une lutte à outrance contre les hérésies d'Arius, d'Eutychès et de Nestorius. Il n'est pas, à proprement parler, un canoniste, mais son opinion, rapportée par Agobard, est précieuse en notre matière.

(2) A. Charaux, *Saint Avite, sa vie et ses œuvres*, p. 41.

les peuples, et même entre particuliers, ne s'en remet-
on pas au jugement de Dieu par les combats, et la
victoire ne se range-t-elle pas, en général, du côté
où se trouve la justice ? Si les royaumes et les peuples,
répliqua saint Avit, voulaient s'en remettre au jugement de Dieu, ils redouteraient tout d'abord ce qui
est dit par le Psalmiste : « Dissipez les nations qui
veulent les guerres », et ils s'attacheraient à cette
autre parole : « A moi la vengeance, c'est moi qui
ferai justice, dit le Seigneur. » La justice du ciel
a-t-elle besoin de traits et de glaives pour se pro-
noncer ? Et ne voyons-nous pas souvent la partie qui
a le bon droit de son côté succomber dans les combats,
et la partie injuste l'emporter, soit par la supériorité
de ses forces, soit par d'habiles manœuvres ? (1). »

(1) De Smedt, *le Duel judiciaire*, extrait des études religieuses du 15 janvier 1895, p. 8. Migne, *Patrologie latine*
CIV, col. 125, A, B, *Agobardi liber adversus legem Gundobadi et impia certamina quæ per eam geruntur*, cap. 13 : «Cum
de his inter utrumque sermo esset, et beatus Avitus talia certamina reprehenderet, respondit ei Gundobadus : Quid est quod
inter regna et gentes, vel etiam inter personas sæpe singulas,
dirimendæ præliis causæ divino judicio cummittuntur ; et ei
maxime parti cui justitia competit, victoria succedit? » Ad quod
beatus Avitus intulit dicens : « Si divinum, inquam, judicium
regna vel gentes expeterent, illud prius quod scribitur formi-
darent dicente Psalmista : Dissipa gentes quæ bella volunt ; et
illud diligerent quod perinde dicitur : Mihi vindicta, ego retri-
buam, dicit Dominus. An forte sine talis et gladiis causarum
motus æquitas superna non judicat? cum sæpe, ut cernimus,
pars aut juste tenens, aut justa deposcens, laboret in præliis, et

L'opinion de Gondebaud n'était pas mauvaise *a pe-
rori*, même au point de vue de la doctrine ecclésiastique ;
avant lui, en effet, saint Augustin considérait la guerre
comme un jugement de Dieu (1). Aussi, pour répondre
à l'argument du roi, Avitus paraît un peu embarrassé ;
il résout la difficulté en condamnant toute guerre de
façon absolue, « ce qui est, suivant le P. de Smedt,
une exagération manifeste (2). »

Néanmoins, si Avitus était ennemi du duel, il ne
semble pas qu'il fût défavorable à d'autres ordalies ;
ainsi, dans une conférence réunie à Lyon, pour trouver
un terrain d'entente entre catholiques et ariens, sous la

---

præyaleat iniquæ partis vel superior fortitudo, vel furtiva
subreptio. » M. Patetta, *le Ordalie*, p. 329, se demande s'il n'y
a pas là une invention d'Agobard.

(1) Vide sur l'opinion de saint Augustin relativement à la
légitimité de la guerre. Migne, *Patr. lat.*, XXXIII, col. 530 ;
XLII, col. 447, 448 ; XXXIV, col. 781 ; XLI, col. 168, 170,
« Bellorum tempora exitusque ex Dei judicio pendent, col. 15.
« Bellis Deus hominum mores emendat, virtutem exercet et
« auget. » De même cf. Lettre de saint Augustin à Boniface,
rapportée dans la Panormie d'Yves de Chartres, VIII, 43, et
dans une « Collectio Canonum », ms. de Turin, cité par
Patetta, p. 327, n. 3. « Aug. ad Bonefacium (dans Yves de
Chartres, on lit Comitem), de pugna (Ivo : manque). « Gravi
de pugna conquereris. Dubites nolo. Utile consilium tibi, utis-
que dabo. (A.) rripe manibus arma ; oratio aurès pulset auctoris.
Quia quando pugnatur Deus apertis celis expectat, et partem
quam inspicit justam, defendit (Ivo : ibi dat ei palmam). »
Cette idée est très répandue au moyen âge. — Cf. Brissaud,
Manuel d'histoire du Droit français, p. 579.

(2) De Smedt, *op. cit.*, p. 10.

présidence de Gondebaud et sur la proposition d'Avitus, ce dernier — si l'on en croit le procès-verbal de la conférence sur lequel M. Patetta et d'autres auteurs plus anciens basent leur opinion — pour terminer le débat et convaincre d'erreur les évêques ariens, aurait invité ceux-ci à se rendre avec lui sur le tombeau de saint Just et à l'interroger, « le Seigneur décidera par la bouche de son serviteur (1) ». Ce serait bien là un jugement de Dieu et une atteinte au principe « tu ne tenteras point le Seigneur, ton Dieu », mais, dans sa foi sincère, l'évêque de Vienne, poursuivant avec ardeur le but louable de sa proposition, n'aurait point examiné si, au point de vue des Saintes Ecritures, elle n'était pas condamnable. D'ailleurs, à cet argument contre la rigidité d'Avitus, le P. de Smedt oppose l'opinion de Julien Havet, suivant laquelle le procès-verbal du « Colloque de Lyon » est l'œuvre d'un faussaire (2).

-----

(1) *Collatio episcoporum, præsertim Avili Viennensis episcopi, coram rege Gundebaldo adversus Arianos.* Migne, *Patr. lat.* LIX, col. 391 A. — « Si rationes nostræ non possunt illos convincere, non dubito quin Deus fidem nostram miraculo confirmet : jubeat sublimitas vestra (Gondobadi) ut tam illi quam nos eamus ad sepulcrum hominis Dei Justi et interrogemus illum de nostra fide ; similiter et Bonifacius de sua : Dominus pronuntiabit per os servi sui in quibus complaceat. » — De Smedt, *op. cit.*, p. 9. — Charaux, *op. cit.*, p. 46.

(2) De Smedt, *op. cit.*, p. 9. — Julien Havet, questions mérovingiennes. II. Les découvertes de Jérôme Vignier dans Bibliothèque de l'Ecole des Chartes, XLVI, année 1885, p. 205 et seq. — Il importe peu, d'ailleurs, que ce procès-verbal soit

Avitus mourut en 518, n'ayant pas obtenu de Gondebaud, ni de Sigismond, son fils, la suppression du duel judiciaire contre lequel un autre prélat burgonde, Agobard, dirigera, quelques siècles après, le puissant effort de sa science et de sa foi.

AGOBARD

Parmi les prélats hostiles au duel judiciaire, Agobard (1), archevêque de Lyon, tient le premier rang ; il reprit contre le barbare préjugé la lutte commencée par Avitus et, sous le règne de Louis le Débonnaire, il écrivit deux opuscules pour démontrer la nécessité d'établir, dans l'empire de Charlemagne, une législa-

---

l'œuvre d'un faussaire, car l'idée de prêter serment sur le tombeau des saints était très répandue dans l'ancienne Église. (V. lettre de saint Augustin, de 404, au clergé et au peuple d'Hipponc (epist. 78) ; dans un procès entre un homme quelconque et le prêtre Bonifacius, Augustin ordonne « ut se ambo cons tringerent ad locum sanctum (S. Felicis Nolani) se porrecturos, ubi terribiliora opera Dei non sanam cujuscumque conscientiam multo facilius aperirent et ad confessionem vel pœna vel timore compellerent ». Migne, *Patr. lat.*, XXXIII, col. 269.

(1) Agobard, de nationalité espagnole, succéda au siège de Lyon à l'archevêque Leidradus qui se l'était adjoint déjà comme coadjuteur. Il mourut en 840.

tion unique qui chassât de la Burgondie la loi
mauvaise de Gondebaud. Dans le premier traité,
qui est une humble lettre au roi, le prélat demande
l'abandon du combat et le retour à la preuve testimoniale, c'est le *liber adversus legem Gundobadi et
impia certamina quæ per eam geruntur* (1). Le second
traité, *liber de divinis sententiis digestus, cum bre-
vissimis adnotationibus, contra damnabilem opinio-
nem putantium divini judicii veritatem igne vel
aquis vel conflictu armorum patefieri* (2), énonce
d'abord l'avis de l'archevêque sur l'ordalie, mais en-
suite « sequuntur sententiæ », maximes tirées de l'ancien et du nouveau testament, des actes des Apôtres et
des ouvrages des Pères de l'Eglise, substratum sacré
d'où ressort un contraste saisissant entre l'esprit chrétien et la loi burgonde.

Ces deux opuscules semblent poursuivre un but différent et Agobard, en les composant, paraît avoir obéi
au raisonnement suivant : le duel judiciaire est contraire à l'esprit du christianisme, son emploi est mau-
vais, il faut donc le supprimer ; tel est l'objet du premier ; — mais, de plus, à supposer que le duel soit
admis, son utilité est nulle ; il ne permet pas, en effet,

---

(1) Migne, *Patr. lat.*, CIV, col. 114-126. *Recueil des historiens de la Gaule et de la France*, VI, 357. « Agobardi epistolæ :
ad Ludovicum Pium adversus legem Gundobadi. » Ce titre lui
a été donné par Baluze. Patetta, p. 373, n° 1, — Ce dernier
analyse, p. 373 et seq., l'écrit d'Agobard.

(2) *Ibid.*, col. 249-268.

non plus que les autres épreuves judiciaires, d'approfondir les desseins impénétrables de Dieu ; il pervertit donc la justice, telle est la trame du second. Néanmoins, comme les routes voisines suivies par Agobard convergent au même point, j'étudierai en même temps, dans les deux traités, sa doctrine sur le duel.

Vers la fin du cinquième et le commencement du sixième siècles, Gondebaud (474-616), roi de Burgondie, donna à ses sujets une loi qui admettait, au premier rang de la procédure des preuves, le serment et surtout le duel judiciaire, mais seulement entre hommes libres, tant barbares que gallo-romains (1) ; pour les esclaves, le seul mode de preuve fut la torture. Cette législation, non ébranlée par les remontrances d'Avitus, régnait sur la Burgondie au neuvième siècle, côte à côte avec la loi romaine, et engendrait des excès déplorables : « Accidit ut frequenter non solum valentes viribus, sed etiam infirmi et senes lacessantur ad certamen et pugnam, etiam pro vilissimis rebus ; quibus feralibus certaminibus contingunt homicidia injusta (2). » D'où le zèle apostolique du prélat.

La loi chrétienne est cependant opposée à de tels massacres, elle est faite de paix et d'amour ; l'Église catholique est une « una charitas nata in omnibus (3), » une dans tous ses membres, quelle que soit leur condi-

---

(1) *Mon. Germ. hist. Legum*, sect. 1, t. ii, pp. 49, 75, 104.
(2) *Patr. lat.*, civ. col. 117, cap. 7 B.
(3) *Ibid.*, col. 113, cap. 2, D.

tion sociale. Comment expliquer dès lors que, dans un même royaume, des provinces voisines aient des lois différentes, « tanta diversitas legum quanta non solum in singulis regionibus aut civitatibus, sed etiam in multis domibus habetur ? » (1) Cette contrariété entre l'unité du christianisme et la multiplicité des lois humaines est nuisible à l'Eglise, car les chrétiens forment une famille ; entre eux point de luttes, « invicem sibi, ut charissimi fratres, credunt ; et nemo alterius testimonium spernat, cum se bonis locutionibus ædificant » (2). Pourquoi faut-il que, sortis du cercle admirable de cette famille, soumis aux exigences de la loi civile, ils se considèrent comme des étrangers en qui la confiance réciproque n'est plus permise ? La loi de Gondebaud produit cette contradiction « nullum poterit habere testem de suis charissimis sociis cum quibus simul gradiebatur » (3) et certes, il est étrange, « incòngruum », qu'un chrétien ne puisse pas appeler en témoignage un autre chrétien, un frère. La loi de Dieu se sépare donc de la loi des hommes : celle-ci est faite de haine et de sang, l'autre vit d'amour et de paix ; c'est pour cela que Jésus-Christ disait au peuple de Judée : *Aime ton prochain comme toi-même,* à ses disciples : *Aimez-vous les uns les autres* et que l'Apôtre ajoute : « qui non diligit fratrem suum homicida est » (4). — De là vient

---

(1) *Ibid.,* col. 116, cap. 4 A.
(2) *Ibid. et eod.*
(3) *Ibid. et eod.*
(4) *Ibid.,* col. 260 A.

la charité chrétienne qui repose sur l'amour du prochain et non sur la vile poursuite des intérêts, car le
Christ n'a-t-il pas dit : « qui vult tecum judicium con-
tendere et tunicam tuam tollere, remitte ei et pal-
lium? (1) » De là suit, de même, que l'homme dans ses
rapports avec ses semblables, doit avoir la pureté
d'âme d'un enfant, pureté non contaminée par les mo-
biles détestables et les passions mauvaises qui, peu à
peu, obscurcissent l'esprit croissant ; au contraire, « qui
ergo stat paratus ad cædem, dum non simplicitate par-
vulorum humilis, sed gigantea ostentatione vult videri
terribilis (2). » Il en découle enfin le pardon des offen-
ses, l'oubli du dommage causé et l'idée de la patience
chrétienne.

Toutes ces maximes évangéliques aboutissent en un
point commun, *Non occides*. Ici Agobard oppose l'Ancien et le Nouveau Testament ; le premier défend le
meurtre, mais admet la loi du talion ; le second ordonne
la passivité, dans la contemplation d'une vie future (3)
et néanmoins « ad certamen audaciter proceditur ; ubi
duo cominus veniunt parati, ut se invicem crebris icti-
bus cædant pro talibus rebus, quas multo minus amare
debuerant, quam se ipsos adinvicem (4) » ; en vérité,
celui qui tire l'épée périra par l'épée, car il est étran-
ger dans la cité de pur amour qu'est le christianisme.

---

(1) *Ibid.*, col. 118, cap. 8 A.
(2) *Ibid.*, col. 256 C.
(3) *Ibid.*, col. 255 B.
(4) *Ibid.*, col. 118, cap. 8 A.

La loi de Dieu s'oppose au meurtre et à toute institution,
d'où il peut résulter, notamment au duel judiciaire ;
les membres de la grande famille chrétienne ont entre
eux la confiance absolue qui permet l'intégrité du témoignage, aucun autre moyen de preuve ne peut leur con-
venir.

Même la loi civile subit les effets néfastes de la vo-
lonté de Gondebaud : en cas de flagrant délit, la raison
commande que le coupable soit désigné par le seul fait
de la publicité de son acte, cependant « si aliquis... in
cœtu populi aut etiam in mercato publico commiserit
aliquam pravitatem, non coarguatur testibus sed sina-
tur perjurare, tanquam non fuerint per quos veritas
possit agnosci (1), » — De plus, entre deux parties
divisées par un procès, en général, l'une a le droit et
l'autre a le tort, ou bien celle-ci a plus de droit que
celle-là, jamais le tort n'afflige également chaque partie et toutefois, s'écrie Agobard : « Hic autem inter-
rogo utrum causa utrique mala fuerit, pro qua bellator
uterque occumbit (2). »

D'autre part, le bon sens se rebelle contre les effets
extraordinaires de cette législation : les hommes d'un
naturel calme, grâce à elle, entrent en fureur, « quam
frequenter inter gentes quietas furor personalis exsequi-
tur (3) », les idées généreuses disparaissent au profit
d'intérêts méprisables, « humanis atque pretiosis vilis-

(1) *Ibid.*, col. 117, cap. 6 B.
(2) *Ibid.*, col. 126, cap. 14 B.
(3) *Ibid.*, col. 126, cap. 14 A.

sima lucra præponunt (1) » ; c'est avec colère que les
hommes somment Dieu de dire le droit tandis que la
patience, la longanimité, l'indulgence sont défuntes :
« Dei judicium iracundia invocat dum impatientia non
expectat (2). »

Au triple point de vue de la religion, du droit et de
la morale, Agobard montre donc l'erreur de la loi
Gombette et son œuvre serait terminée s'il ne voulait
répondre à deux objections d'âge différent et de nature
diverse.

La première se réfère à la nécessité du duel judiciaire ; elle était assez ancienne, car en 643 elle inspira
certaines dispositions de l'édit de Rotharis (3), qu'en 668
Grimoald (4) respecta et Charlemagne l'adopte dans un
Capitulaire de 802, cap. 32 « de homicidiis cavendis,
de compositione occisorum et de pœnitentia homicida-
rum (5) » : le duel judiciaire est né de l'excès du parjure ; la preuve testimoniale, fournie par les parties
accompagnées de leurs cojureurs, avait introduit dans
le domaine du droit, par l'effet du faux témoignage,
une incertitude telle qu'il parut préférable de laisser à

____

(1) *Patr. lat.*, *Ibid.*, col. 126, cap. 14 A.
(2) *Ibid.* et *eod.*
(3) Walter, *Corpus juris germanici*, *Edictum Rotharis*,
164, 165, 166, 198, 203, 369.
(4) *Mon. Germ. Hist. Legum*, t. IV, p. 94 *leges a Grimo-
waldo add.*, c. VII.
(5) *Mon. Germ. hist. Legum*, 1, p. 95.

chaque partie le soin de défendre ses prérogatives, en combat singulier, sous la garde de Dieu.

Cette excuse du duel n'était pas sans valeur ; néanmoins, Agobard la détruit. Dans la famille chrétienne, répond-il, parmi les vrais disciples du Christ, le parjure n'est pas à craindre ; dans une assemblée de frères la concorde règne, la confiance mutuelle existe, le témoignage est sincère, tout mode de preuve contraire à cette paix fraternelle est lui-même anormal. Si la preuve testimoniale doit être frappée de suspicion ce n'est pas à l'égard des chrétiens, mais vraiment vis-à-vis de ceux qui ne vivent point dans la cité de Dieu : « nam si de testimonio repellendus est aliquis, ille repellatur potius qui alterius fidei vel sectæ est, sed et ille cum quo Apostolus nec cibum sumere docet (1). »

La seconde objection est dirigée contre le duel judiciaire et, tout d'abord, il semble qu'elle doit renforcer l'argumentation d'Agobard, mais elle atteint un but plus éloigné, elle léserait la majesté sereine de Dieu si le saint archevêque ne démontrait son inutilité. Suivant Bodin (2), Rotharis l'aurait énoncée, mais Liutprand (713-735) lui donna sa formule exacte : « multos audivimus per pugnam sine justitia causam suam perdere (3) » ; c'est l'objection que feront tous les bons

---

(1) *Patr. lat.* : *Ibid.*, col. 116, cap. 5 G.

(2) J. Bodin, *la République*, IV, p. 644.

(3) Walter, *Corpus, leges Liutprandi*, 118. — *Mon. Germ., hist. Legum*, t. IV, p. 156, c. CXVIII.

esprits au duel judiciaire, basée sur l'incertitude de la victoire. Mais, à l'époque d'Agobard, les partisans du duel comptaient sur l'aide de Dieu qui, bon et juste, devait favoriser le droit.

Et Agobard de répondre : Dieu n'a pas promis d'aider le bon droit et de le faire triompher toujours, « hic est pessimus error et ordo confusus (1); » le Dieu du christianisme n'est point amoureux du sang, son Eglise tout entière repose sur des bases d'amour, arrosées, il est vrai, du sang des martyrs, mais ceux-ci moururent victimes et non point agresseurs, « Milites Christi qui (charitatem) habuerunt subdiderunt in fide mundum Christo, sed moriendo, non occidendo (2). » Dieu serait donc en contradiction avec lui-même si, favorisant la haine au lieu d'encourager la concorde, il acceptait la présidence d'un combat où du sang doit couler ; Dieu ne résout pas les litiges présents, il en réserve la connaissance au tribunal suprême qu'il présidera le jour dernier et où sera rendue la véritable justice. D'ailleurs, si Dieu réglait lui-même tous les différends, à quoi donc serviraient les tribunaux et les juges ? La science, à son tour, serait inutile puisque l'autorité divine la confondrait, « quod si, talibus adinventionibus, valerent latentes culpæ inveniri, nec sapientia, nec sapientes, neque judices, neque magistri essent necessarii ! (3) »

------

(1) *Patr. lat. ibid.*, col. 117, cap. 7, B.
(2) *Ibid.*, col. 118, cap. 8, B.
(3) *Ibid.*, col. 250, cap. 1, C, col. 254, cap. 6, C.

De plus, à supposer que Dieu permette quelquefois
la défaite du bon droit et le triomphe de l'injuste, cela
signifierait seulement que ses desseins nous sont impénétrables, que, seul, Dieu possède les éléments com-
plets d'appréciation, qu'il tient entre les deux parties
une équitable balance dont les plateaux portent, avec
les données du litige présent, les actions antérieures
de chacun ; dès lors, tel qui paraît soutenir actuel-
lement une cause juste peut avoir cependant un casier
judiciaire, connu de Dieu seul, plus chargé que celui
de son adversaire, et alors, sa défaite présente qui, par
un aveuglement humain, nous semble une iniquité, est
conforme à la justice, « quia potissimum est bonos a
malis interfici, nunquam autem malos a bonis, nisi in
bellis publicis et legalibus judiciis, pertinet hoc ad
occulta judicia Dei, quæ sunt sicut abyssus multa, nec
est datum hominibus nosse cur omnipotens ita per-
mittat fieri ? (1). »

Les objections sont donc vaincues, la grandeur de
Dieu n'en est point atteinte, la doctrine ecclésiastique
s'en trouve fortifiée et Agobard jette sur la loi de Gondebaud la suprême condamnation. « non est lex sed
nex (2). »

Telle est l'œuvre d'Agobard contre le duel judiciaire,
œuvre forte à laquelle rendront hommage tous ceux
qui, plus tard, étudieront le combat ; œuvre d'habileté

----

(1) *Patr. lat. ibid.*, col. 254, cap. 5, A.
(2) *Ibid.*, col, 121, cap. 11, B.

et de science qui aurait dû toucher Louis le Débonnaire. Mais les traités de l'archevêque de Lyon avaient
un effet plus haut encore : la qualité de frères que se
donnaient les chrétiens faisait disparaître entre eux
toutes les barrières sociales et, tandis que Gondebaud établissait une différence odieuse, en matière
de preuves, entre les hommes libres et les esclaves,
Agobard, demandant à Louis l'abolition du duel judiciaire et son remplacement par la preuve testimoniale,
voulait établir l'égalité entre tous les Bourguignons,
comme prélat ; dans tout le monde catholique, comme
chrétien. Son effort total mérite admiration et respect.

Louis le Débonnaire demeura silencieux devant les
éloquentes protestations d'Agobard, et ce grand archevêque mourut en 840, sans espérer l'abolition pro-
chaine de la loi burgonde. Peut-être Louis le Débonnaire fut-il étonné d'une telle supplique dont il n'est
pas sûr qu'il ait saisi toute la beauté : son auteur, en
effet, semble ne pas savoir que, dans tout l'empire de
Charlemagne, le duel régnait. M. Patetta (1) ne veut
point croire qu'Agobard ignorait ce fait sanctionné
d'ailleurs par un capitulaire de Charlemagne, « ut
omnes Dei judicium credant absque dubitatione (2).
Le P. de Smedt, au contraire, trouve assez naturelle
l'ignorance d'Agobard, « de tels faits ne sont pas si
inouïs pour des temps bien différents de notre siècle

---

(1) F. Patetta, *le Ordalie*, p. 375.
(2) *Recueil des historiens de la Gaule et de la France*, V,
680. *Mon. Germ., hist. Legum*, I, p. 157.

de grande publicité et de communications rapides et faciles (1) », et il cite saint Augustin et saint Grégoire de Nazianze comme des exemples d'ignorance analogue. Cet essai de justification entrepris par le P. de Smedt ne me paraît pas concluant ; saint Augustin, par exemple, pouvait ne pas connaître certain canon du concile de Nicée ou même l'existence du concile de Sardique, mais Agobard était bien plus ignorant puisque sa connaissance du droit barbare paraît bornée aux limites de la Burgondie, qu'il semble ignorer que tous les peuples de l'empire, sans exception, pratiquaient le duel ; son ignorance est trop générale pour être assimilée à celle de saint Augustin ou à celle de saint Grégoire de Nazianze qui portent sur des points spéciaux. Il serait d'ailleurs ridicule de prétendre qu'il ignorait les dispositions et tout au moins l'existence de la loi romaine qui régissait la Burgondie de concert avec la loi Gombette.

En réalité, Agobard, homme très érudit, sait que la Burgondie n'était pas le seul pays où la législation barbare autorisât le duel judiciaire, il connaît les lois multiples qui contrarient l'unité de l'Église « tanta diversitas legum », mais cette diversité ne le touche point : à ses yeux de prélat, une seule loi existe à laquelle il souhaite que le monde soit soumis, la loi chrétienne (2) dont l'observance ferait disparaître les

____

(1) P. C. de Smedt, *op. cit.*, p. 13.

(2) Telle est bien la pensée intime d'Agobard, mais il la déguise sous une forme plus matérielle ; il demande à Louis le Débonnaire que ses sujets soient régis par une seule loi et cette loi

institutions mauvaises créées par les hommes, dont le duel judiciaire.

Peut-être, d'ailleurs — mais ceci n'est qu'une conjecture — l'abolition du duel eût porté des fruits éphémères ; car, en 843, en vertu du traité de Verdun, Lothaire eut en partage la Bourgogne avec l'Italie et cette province aurait subi l'influence des lois lombardes qui admettait le duel judiciaire.

Quelques années plus tard, en 855, à Valence, se tint un concile qui reprit les revendications d'Agobard et dont le douzième canon flétrit à nouveau le duel : « Statuimus juxta antiquum ecclésiasticæ observationis morem ut quicumque tam iniqua et christianæ paci

---

serait la « lex Francorum » ; cf. *Patr. lat.,* col. 117, cap. 7 B. Assurément Agobard n'envie pas la législation des Francs Ripuaires qui admet le duel ; cf. Walter, *Corpus lex Ribuaria,* 57,2-59,4-32,4. *Mon. Germ. Hist. Legum,* t. V, tit. xxxii, p. 225, tit. lvii, al. 59, p. 241, tit. lix, al. 61, p. 248, tit. lxvii, al. 69, p. 257 ; il songe donc à la loi salique, mais à la *lex antiqua* qui est muette sur le duel et non à un édit de Chilpéric, intercalé par des scribes dans la loi salique (Hessels et Kern, *Lex Salica,* 93). « Si tamen non potuerit adprobare qui crimen dixerit solidos xv solvat et postea si ausus fuerit pugnet », qui autorise le combat. Agobard connaissait la loi salique probablement à cause de la mêlée des nationalités qui s'était sans doute produite en Burgondie comme ailleurs, mais il connaissait bien mieux l'application de la loi romaine pratiquée couramment dans ce pays. Aussi, pour donner une apparence de raison à la controverse de M. Patetta et du P. de Smedt, il faudrait supposer que le diocèse d'Agobard était exclusivement peuplé de barbares et qu'Agobard a pu ainsi observer la seule loi Gombette, hypothèse assez peu vraisemblable.

inimica pugna alterum occiderit seu vulneribus debilem reddiderit, velut homicida nequissimus et latro cruentus ab ecclesiæ et omnium fidelium cœtu separatus, ad agendam legitimam pœnitentiam modis omnibus compellatur. Ille vero qui occisus est, tanquam sui homicida et propriæ mortis spontaneus appetitor, dominicæ oblationis commemoratione habeatur alienus nec cadaver juxta sanctorum canonum decretum, cum psalmis vel orationibus ad sepulturam deducatur (1). » Mais les défenses du concile demeurèrent vaines ; son autorité fut seulement théorique et ne dépassa guère les limites de la Burgondie, car n'y assistèrent que les évêques des trois provinces ecclésiastiques de Lyon, de Vienne et d'Arles. Même l'autorité royale refusa aux décrets de ce concile la sanction demandée par ses membres, à la fin du douzième canon (2).

---

(1) Mansi, *Conciles*, XV, 9-10. — Héfélé, *Histoire des conciles*, trad. Delarc, t. V, p. 402.

(2) De Smet, *op. cit.*, p. 15, note.

Voir sur Agobard : F. de Campigneulles, *op. cit.* — Spelmann, *Glossarium*, vᵒ *Campus*. — Tanon, *Histoire des justices des anciennes églises et communautés monastiques de Paris*. — Léon Gautier, *la Chevalerie*, p. 43. – P. Cyprien, *la Destruction du duel par le jugement de Messeigneurs les Mareschaux de France*, sect. XII ; « les Admirables sentiments d'Agobard, évesque de Lion, sur l'impiété du duel. » — *Mon. Germ. Hist. Pœt. lat.*, II, 1884 : Ignis…..

HINCMAR (1)

Le grand archevêque qui occupa le siège de Reims eut, dans ses nombreux écrits, l'occasion de dire son avis sur la matière des ordalies. A coup sûr, au sujet du duel, la voie de l'Eglise était nettement tracée ; Avitus et Agobard, qui l'avaient ouverte, furent sans doute connus d'Hincmar, presque contemporain du second et il n'ignora pas l'existence du concile de Valence (855), car il avait des relations épistolaires avec les évêques de la province de Lyon. D'autre part, dans une cause célèbre à laquelle Hincmar lui-même fut mêlé, le divorce de Lothaire et de Teutberge, le pape Nicolas Ier (858-867) invita, dans une lettre de 867, le roi Charles le Chauve à user de son autorité pour empêcher le duel entre Lothaire et Teutberge et manifesta son opinion en ces termes : « Monomachiam vero in legem assumi, nusquam præceptum fuisse reperimus ; quam licet quosdam iniisse legerimus, sicut sanctum David et Goliam sacra prodit historia nusquam tamen ut pro lege teneatur, alicubi divina sancit

---

(1) Hincmar, archevêque de Reims de 845 à 882, joua un rôle politique considérable et eut une grande influence dans le haut Moyen-Age.

auctoritas cum hoc et hujus modi sectantes Deum solummodo tentare videantur (1).

Hincmar était donc averti des efforts naguère tentés
contre le duel judiciaire. Il admet, néanmoins, sans
distinction, l'usage des ordalies et, bien que celles-ci
soient représentées, dans ses ouvrages, seulement par

---

(1) Migne, *Patr. lat.* CXIX, col. 1144 D, lettre 148. Ce fragment de la lettre de Nicolas à Charles le Chauve eut, dans la suite,
une grande importance, à cause de l'usage qu'en firent tous les canonistes, jusqu'à Gratien, qui s'occupèrent du duel ; il convient
donc d'apprécier sa valeur. D'abord, une contradiction à la thèse
antiduelliste du pape semble résulter d'un autre passage de sa
lettre : « Præterea, sive de conjugii fœdere sive de adulterii crimine judicium sit agitandum, nulla ratio patitur Theutbergam
cum Lothario posse legalem inire conflictum vel legitimum controversiæ subire certamen, nisi prius ad tempus fuerit suæ potestati reddita et consanguineis propriis libere sociata. » Cf.
Migne, *ibid.*, col. 1145, mais cette contradiction n'est qu'apparente ; la suite de la lettre explique la pensée du pape et permet
de conclure que l'expression « legalem conflictum » est simplement métaphorique. *Vide* en ce sens de Smedt, *op. cit.*, pp. 21
et 22 note, Patetta, *op. cit.*, pp. 354-359. D'autre part, il ne
faut pas exagérer la portée de la lettre de Nicolas ; cette lettre
ne fut ni une décrétale rendue « in generali » contre le duel,
ni même une consultation sur la « monomachia » donnée à un
prélat ou à un particulier, mais uniquement un document
spontané issu de l'intervention du pape, toute personnelle dans
le débat grave, presque diplomatique, causé par le divorce de
Lothaire et de Teutberge. -- Je ne crois pas cependant que
l'on doive donner à la lettre de Nicolas une importance bornée
aux affaires ecclésiastiques comme il pourrait peut-être résulter
de l'expression « sacra prodit historia » ; la pensée du pape est
plus générale et s'applique au duel judiciaire tout entier qui
repose sur une base condamnable : la tentation de Dieu.

les épreuves du serment, de l'eau froide, du fer chaud
et de l'eau bouillante, il tolère l'emploi du combat judiciaire que peut contenir l'expression « legale judicium » employée plusieurs fois par lui.

Il est cependant étrange qu'Hincmar n'ait pas cité
la « monomachia » comme exemple d'ordalie ; peut-
être considéra t il le duel comme antagoniste du principe « Ecclesia abhorret a sanguine » et ne trouva t-il
point, pour en justifier l'usage, des explications aussi
ingénieuses et, à son sens, aussi plausibles que celles
qui accompagnent les autres épreuves judiciaires.
Toutefois, le silence d'Hincmar sur le duel surprend
d'autant plus que, à l'occasion du divorce précité, Lothaire offrit le duel à Teutberge, victorieuse dans une
première épreuve, ce qui motiva une assez nombreuse
correspondance de la part du pape Nicolas I⁰ʳ qui, dans
une lettre adressée aux archevêques et évêques du
royaume de Charles le Chauve et spécialement à Hincmar, archevêque de Reims, et à Wanilonus, archevêque de Rouen, informe ceux-ci de la déposition des
archevêques Theotgaudus et Guntharius, pour avoir
déclaré, dans un concile par eux réuni, en 863, à Metz,
que Teutberge, déjà victorieuse une première fois,
devait se justifier de nouveau de l'accusation portée
contre elle (1).

Hincmar n'ignorait donc point cette procédure,

____

(1) Héfélé, *Conciles*, t. v, pp. 434 et seq., 462 et seq., 472
et seq.

mais, pour lui, la question de la légitimité du duel ne
se posa pas ; sans doute, il considéra le *judicium legale*
comme une épreuve ordinaire, d'ailleurs frustratoire,
puisque déjà une autre épreuve avait été tentée et
d'une manière décisive ; son opinion peut alors être
ramenée à cette formule : la reine Teutberge, accusée
d'inceste avec son frère Hubert par son époux Lothaire,
se prépare à subir, par champion, l'épreuve de l'eau
bouillante et, d'un avis unanime, il est reconnu que
cette épreuve fera ressortir sa culpabilité ou son innocence ; or, son champion est sorti *incoctus* de cette
épreuve ; donc Teutberge est purifiée du soupçon et
il ne faut pas rechercher les conséquences que peut
avoir pour elle un aveu secret, *secreta confessio*, fait
postérieurement à son mari. La cause est entendue ;
agir autrement serait ruiner la théorie des preuves et
renier le jugement par lequel Dieu s'est prononcé. Il
importe donc fort peu que Teutberge désire recom-
mencer l'expérience et que, sur l'invitation du concile
de Metz, ému par la *secreta confessio*, elle accepte le
duel offert par son mari: cette procédure serait inutile
puisque la cause est sans appel.

Telle est la pensée qui ressort du traité qu'Hincmar
écrivit pour répondre en bloc et d'une manière générale aux diverses consultations qui lui furent adressées
à l'occasion de cette affaire extraordinaire : *de divortio
Lotharii regis et Tetbergæ reginæ* (1) ; sous la rubrique

---

(1) Migne, *Patr. lat.* CXXVI, col. 619-772. J. Sirmond,
Hincmari Remensis archiepiscopi opera, I.

interrogatio sont réunis chacun des cas de conscience proposés que suit une *responsio* où Hincmar expose son opinion personnelle. Ce livre eut, sans doute, un grand retentissement, car il répondait à cette grave question par laquelle beaucoup étaient intéressés : peut-on faire appel du jugement de Dieu ? Jugement de Dieu sur jugement de Dieu ne vaut, dit l'archevêque de Reims.

Hincmar admet donc les ordalies et son opinion repose sur des textes de l'Ecriture qu'Agobard, peu auparavant, citait contre les épreuves judiciaires ; mais dans son traité *de divortio Lotharii regis et Tetbergæ reginæ*, il étudie surtout l'épreuve de l'eau bouillante, après en avoir fait la genèse : l'eau chaude est produite par l'union de l'eau froide et du feu.

L'archevêque invoque la faiblesse humaine, il tolère les ordalies, « ne aut innocens injuste a nobis damnetur, aut nocens sua negatione, aut diabolica fraude, aliquo modo impunitus evadat... ita et veritatem rei, de qua dubitamus, quia corporalibus oculis videre nequibamus, divinæ extensioni credentes, veritatem, quæ Deus est, laudare debemus (1). » Cependant, l'Eglise a défendu l'épreuve de l'eau froide *in Capitulis Augustorum*, parce que, disent certains « quasi rebaptizatur qui in nomine Domini aquis immergitur (2) », mais ajoute Hincmar, « hoc ibidem scriptum nequaquam reperimus (3) » et alors, cette raison dis-

---

(1) *Ibid.*, col. 668 D, 672 C.
(2) *Ibid.*, col. 671 C.
(3) *Ibid.*, col. 671 C.

paraissant, la défense seule subsiste ; cependant, elle
doit céder à son tour devant l'incrédulité humaine ;
les hommes, en général, ne sont convaincus que par
les choses visibles, ils sont « sicut Thomas antea dubi-
tans, dum Dominum palpavit (1) » et la nécessité des
épreuves judiciaires en est encore accrue. Mais leur
constance n'est pas toujours parfaite, les ordalies rendent parfois une inexacte justice ; c'est du moins l'avis
des correspondants d'Hincmar, « quidam dicunt nullius
esse auctoritatis, sive credulitatis judicium, quod fieri
solet per aquam calidam, sive frigidam, neque per
ferrum calidum, sed adinventiones sunt humani arbi-
trii, in quibus sæpissime per maleficia falsitas locum
obtinet veritatis, et ideo credenda esse non debent (2) ».
Hincmar ne partage pas tout à fait ce sentiment ; sans
doute, le serment peut-être vicié par le parjure, mais
l'eau chaude est sans tâche : de ses éléments, l'eau
froide représente le baptême, le feu est l'image du
jugement dernier, aussi « constat nimirum quia in
aqua ignita coquuntur culpabiles, et innoxii liberan-
tur incocti (3) » ; l'eau froide, au contraire, n'est point
digne d'un tel respect « in aquæ frigidæ judicio non
constare videtur quod innoxii submerguntur et aqua
culpabiles supernatant (4). » D'ailleurs, ces résultats
divers n'entament en rien la croyance à l'intervention
divine, car « de divinis non causemur judiciis ; quæ

---

(1) *Ibid.*, col. 672 B.
(2) *Ibid.*, col. 659 B.
(3) *Ibid.*, col. 665 A.
(4) *Ibid.*, col. 665 B.

interdum occulta sunt, sed nunquam injusta (1) ; »
Dieu préside à l'épreuve, sa présence est un témoignage
décisif et sacré « nam si testimonium hominum acci-
pimus, testimonium Dei majus est (2). »

Telle est, à mon sens, l'évolution de l'opinion d'Hincmar sur les ordalies ; l'épreuve de l'eau bouillante subie
par Teutberge est la seule, avec ses composants, l'eau
froide et le feu, qu'étudie l'archevêque de Reims, mais
qui ne voit que le duel judiciaire pourrait être mis à
la place de l'eau bouillante ; qui ne reconnaît, dans le
raisonnement d'Hincmar, quelques idées d'Agobard ?
Les ordalies rendent une mauvaise justice ; comment,
dès lors, Dieu, juge suprême, permet-il la défaite du
juste et la victoire du criminel ? Et les deux prélats
s'inclinent devant l'impénétrabilité des desseins de
Dieu.

Sans doute, Hincmar aurait traité du duel judiciaire si telle eût été l'épreuve subie par le champion
de Teutberge ; le cas étant différent, l'archevêque a
compris le duel sous la dénomination d'ordalie, et
j'examinerai maintenant s'il n'est pas possible d'aper-
cevoir mieux sa théorie spéciale du duel judiciaire,
d'après les grands principes ecclésiastiques tirés de
l'Ecriture.

Non tentabis Dominum Deum tuum (Matth. IV,7) (3)
dit Hincmar, et cette parole, reproduite par tous les

---

(1) *Ibid.*, col. 672 B.
(2) *Ibid.*, col. 673 B.
(3) *Ibid.*, col. 672 D.

canonistes, eût dû, semble-t-il, le conduire à la répro-
bation générale des ordalies, mais Hincmar, qui la
respecte, ne prétend pas la faire respecter par autrui ;
il sait que des évêques ont approuvé l'épreuve de
l'eau bouillante et admis l'innocence de Teutberge à
la suite de l'*incoctio* de son champion, mais chacun
est maître de son opinion « unusquisque enim in suo
sensu abundat (1). » Hincmar n'est pas soucieux de
faire partager par d'autres l'idée évangélique d'ailleurs
assez peu ardente en lui-même ; il autorise ainsi le
clergé et les laïques à donner au principe une importance subjective et personnelle ; il tolère donc les ordalies, l'épreuve de l'eau bouillante, le duel judiciaire.

Non assumas nomen Domini Dei tui in vanum (2)
(Exod. XX, 7), *Nolite jurare* (3) (Matth., V, 34) ;
néanmoins, l'Eglise admet le serment : il est la « purgatio canonica » par opposition à la « purgatio vulgaris » ; sa naissance est ancienne, « sacramenti purgatio
et in ecclesiasticis, et in exteris legibus usitatissima, et
de fidei veritate etiam a primis sæculis esse constat
exorta (4). » Cependant, Hincmar n'est pas touché
par cet usage général, « consuetudo enim ejus non est
bona (5), » quoique la reconnaissance de cette ordalie
par l'Eglise soit légitime, « jurare enim, dictum est,

(1) *Ibid.*, col. 660 A.
(2) *Ibid.*, col. 661 A.
(3) *Ibid.*, col. 662 C.
(4) *Ibid.*, col. 660 C.
(5) *Ibid.*, col. 661 B.

quasi jure orare, id est juste loqui (1). » Mais le serment engendre le parjure, et voici venir le motif que
Rotharis et Charlemagne invoquèrent pour substituer
au serment le duel judiciaire, motif conforme à cette
parole de l'Ancien Testament : « Non perjurabis in
nomine meo nec pollues nomen Domini tui (2) » (Lévit.,
XIX, 12). Néanmoins, Hincmar excuse le parjure et
se déclarerait ainsi adversaire du combat : le parjure
est excusable dans un serment prononcé à la légère
« si magna exegerit necessitas (3) » ; il est même légitime afin de ne pas tomber « pro vitando perjurio in
aliud crimen gravius (4). » Hincmar n'est donc point
ennemi irréductible du parjure, et s'il s'écarte de la
maxime : « Tu ne prends pas à témoin le Seigneur ton
Dieu, » il préférerait l'horreur du parjure à l'effusion
du sang ; il serait donc personnellement opposé au
duel judiciaire.

Mais cette conclusion serait contredite par le commentaire de l'archevêque de Reims sur une autre
maxime qui vise directement le duel, *ne occides.*
Sur celle-ci, Agobard avait développé, avec quelle
conviction, sa belle théorie de la famille et de la fra-
ternité chrétiennes ; ici point, Hincmar tolère le meurtre et partant le duel ; il développe ces sentiments dans
un opuscule adressé à Charles le Chauve, « de Regis

---

(1). Migne, *Pat. lat. ibid.*, col. 661 B.
(2) *Ibid.*, col. 661 B.
(3) *Ibid.*, col. 662 C.
(4) *Ibid.*, col. 662 D.

4

persona et regio ministerio (1), » où il déclare, cap.
XXIV, « quod occidere hominem non semper crimi-
nosum sit (2). » en citant l'autorité de saint Augustin ;
puis il énonce, sur le même sujet, une théorie que,
plus tard, Yves de Chartres admettra, il autorise
l'autorité laïque à sévir, même par le sang, contre les
criminels, tout en reconnaissant, d'une manière tacite,
que l'Eglise doit se tenir à l'écart d'une telle répression, cap. XXV : « regem iniquorum correctorem esse
oportere (3) », cap. XXVI : « quod propter vindictam
noxiorum gladius principi a Deo permissus est (4). »
Ce n'est plus le commentaire du *ne occides*, c'est la
contradiction à ce principe, la tolérance du meurtre,
du duel judiciaire.

Voilà donc, en résumé, l'opinion d'Hincmar sur les
ordalies en général et si j'en détache le duel judiciaire
non dénommé spécialement par le prélat, voici les
conclusions dernières de cette étude : Hincmar a
connu les prohibitions antérieures ou contemporaines
à lui du combat judiciaire, il l'a néanmoins admis ; en
vain, la raison et l'expérience lui commandaient de le
proscrire comme moyen boiteux de justice qui don-
nait parfois la victoire aux coupables et la défaite aux
innocents ; en vain, les grandes paroles évangéliques
résonnent dans ses écrits ; il considère comme d'un
poids supérieur la crédulité humaine et surtout les

------

(1) *Ibid.*, col. 833-856.
(2) *Ibid.*, col. 850 B.
(3) *Ibid.*, col. 850 C.
(4) *Ibid.*, col. 851 A.

mœurs du temps contre lesquelles il ne veut ou il ne peut réagir.

Pourquoi, d'une manière directe, n'étudie-t-il pas le duel judiciaire (1) ? Peut-être parce qu'il n'ose pas tolérer ouvertement une ordalie contraire à la tradition ecclésiastique et aussi, en vertu du motif qui, en réalité, est seulement un prétexte, que Teutberge subit non point l'épreuve du duel, mais l'épreuve de l'eau bouillante ; or, si toutes les ordalies, sauf le serment, constituent la *purgatio vulgaris*, non reconnue par l'Eglise, des nuances importantes existent entre elles, et il faut nettement opposer le duel judiciaire, d'une part, à l'eau froide, au fer rouge, à l'eau bouillante d'autre part : la première épreuve est, en quelque sorte, synallagmatique ; les autres sont, au contraire, unilatérales ; tandis que l'un est un meurtre par consentement mutuel, les autres sont des actes d'adresse ou d'endurance. Ainsi, Hincmar ne contredit pas, en tolérant les ordalies de l'eau chaude, de l'eau froide, du fer rouge, la maxime « Ecclesia abhorret a sanguine » ; il en serait autrement s'il admettait, d'une

------

(1) Hincmar, cependant, cite dans ses œuvres quelques exemples de duel judiciaire. Vide *Hincmari, Opera,* 1, p. 714, *Capit.,* t. 1, c. 14 : « Summopere etiam quisque cavens.. ut non quacumque occasione aut parem suum, aut alium quemlibet ad iram et rixam, quanto magis *ad pugnam* vel ad cædem aliquo verbo irritat seu provocet, nec provocatus ad hoc quisquam prosiliat. — S'agit-il du duel judiciaire ?

Cf. aussi *Opera,* II, p. 650 : « judicium ex placito. » — Est-ce un cas de duel conventionnel ?

façon spéciale, le duel ; néanmoins, son interprétation du « ne occides » de l'Evangile ne laisse aucun doute sur son sentiment à l'égard du combat.

D'ailleurs, le traité *de Divortio Lotharii regis et Tetbergæ reginæ* fut composé, sans doute, après la décision du concile de Metz, réuni par les archevêques Theotgaudus et Guntharius, suivant laquelle Teutberge devait « ad legale judicium reduci », mais avant l'intervention du pape Nicolas 1 et surtout avant la lettre de celui-ci à Charles le Chauve. Hincmar ignorait peut-être alors l'opinion du souverain pontife ; mais dans les *Annales* (1) attribuées à l'archevêque de Reims se trouve l'historique minutieux de l'affaire, le récit de l'intervention pontificale ; la lettre à Charles le Chauve, il est vrai, n'y est point citée, mais Hincmar en connut probablement l'esprit. Si donc il a écrit ces *Annales*, il aurait pu harmoniser avec l'opinion du pape sa théorie sur les ordalies et, par exemple, commettant une louable palinodie, déclarer qu'il est interdit, soit par duel, soit par tout autre épreuve, de tenter Dieu.

Hincmar ne fit rien de tout cela et sa personne, à mes yeux, se dédouble : prince spirituel de l'Eglise, il accepte pour lui-même ses préceptes et suit sa doctrine ; archevêque de Reims, mêlé à la vie publique

____

(1) Migne, *Patr. lat.*, col. 1203-1302. *Hincmari, Annales,* Cf., col. 1209 B, 1211 D, 1212 à 1214-1216-1217-1218-1220-1222-1223 à 1225-1230-1231-1233-1234-1236-1237-1238-1244, 1245, 1246-1253, 1254 .

du haut moyen-âge, il prend en considération les
mœurs de l'époque. De ces deux personnalités différentes résulte une moyenne : Hincmar connaît la doctrine ecclésiastique, mais il tolère l'emploi des ordalies (1).

REGINON (2) ET LES PÉNITENTIELS (3)

Le livre de Réginon : *De ecclesiasticis disciplinis*
est plutôt un pénitentiel qu'un traité de droit canonique ; néanmoins, dans cette série chronologique des
principaux canonistes, l'abbé de Prüm peut figurer,
car il apporte, sur le duel, des précisions non encore
faites.

Dans le livre II, « de ecclesiasticis disciplinis »,
cap. 334, « de falso testimonio », il étudie l'hypothèse
suivante : Une partie à un procès fournit des témoins

------

(1) M. Patetta, *op. cit.*, p. 377, observe qu'Hincmar n'est
pas clair ; peut-être cela tient-il à l'incorrection du texte qui
nous est parvenu.

(2) Réginon, nommé abbé de Prüm (province rhénane) en
892, fut destitué de sa fonction et se retira dans le monastère
de Saint-Maximin, près de Trèves, où il mourut.

(3) Les pénitentiels sont des recueils à l'usage des confesseurs
contenant un très grand nombre de péchés ou infractions
humaines accompagnés d'une peine canonique correspondante.

récusés comme faux témoins par l'autre partie ; celle-ci pourra leur opposer d'autres témoins, les meilleurs possibles ; mais si elles ne peuvent s'entendre, le duel tranchera le différend. « Si ambæ partes inter se dissentiunt, ut nullatenus ulla pars alteri cedere velit, eligantur duos ex ipsis qui, cum scutis et fustibus, in campo decertant et campioni, qui victus fuerit, propter perjuriam dextra manus amputetur... et hoc in sæculari causa. In ecclesiasticis vero, ubi de una parte sæculare, de altera ecclesiasticum negotium est, idem modus servetur. Ubi autem ex utraque parte ecclesiasticum, si se rectores pacificare non possunt, advocati eorum in mallum coram comite causas suas prosequantur » (1). Ainsi, suivant Réginon, dans un procès entre laïque et ecclesiastique, la qualité de membre de l'Eglise ne s'oppose pas au combat judiciaire, usité couramment entre laïques ; c'est seulement dans une affaire où seuls des ecclésiastiques sont intéressés que le duel n'aura pas lieu. D'ailleurs, dans les deux premiers cas, cette procédure ne doit être employée que si un accord préalable est impossible.

Réginon cite néanmoins, lib. II, cap. 77 et 78 (2), un extrait de la lettre du pape Nicolas I à Charles le Chauve, écrite à l'occasion du divorce de Lothaire et de Teutberge raconté par Hincmar et le sentiment du souverain pontife sur le duel figure, pour la première

---

(1) Migne, *Patr. lat.*, CXXXIV, col. 347. Cf. Wasserschleben, *Reginonis libri duo*.

(2) *Ibid.*, col. 300.

fois, dans le livre de Réginon où il constitue, semble-
t-il, une contradiction avec le texte rapporté plus haut,
expressément favorable au duel, sauf dans les affaires
purement ecclésiastiques. Si l'on détachait, en effet,
les chapitres 77 et 78 des matières environnantes, afin
de les examiner individuellement, la contradiction
serait flagrante, mais ces chapitres sont situés dans un
ensemble de droit criminel, ils sont précédés de la rubrique « de pugna duorum, quod nostri campum appellant,
quod, pro imputato adulterio, solet exerceri. Ex epis-
tola Nicolai papæ ad Carolum regem » ; le chapitre 76
a pour titre : « De his qui uxores occidunt » et le chapitre 79 ; « de parricidiis ». C'est seulement au sujet
du crime d'adultère que Réginon cite la lettre de
Nicolas et non au sujet du duel ; il consolide bien
plutôt, au contraire, sa théorie énoncée au chapitre 334
par l'emploi de l'expression « solet exerceri » qui
indique non pas une condamnation, mais une consta-
tation indulgente de la pratique du combat.

Enfin, Réginon montre sa large tolérance à l'égard
du duel en exemptant de toute peine canonique ceux
qui en font usage ; les chapitres 77, 78 et 334 ne con-
tiennent en effet, vis-à-vis d'eux, aucune pénitence. Ce
silence se retrouve, du reste, dans les autres pénitentiels.

Ces manuels de confesseurs auraient dû punir, semble-t-il le péché commis en duel puisqu'ils renferment
des dispositions nombreuses concernant l'homicide, le
meurtre, infractions graves au « ne occides », dont une
variété est le duel qui, d'autre part, méconnaît la

maxime « non tentabis Dominum Deum tuum ». A ce
double titre, le duel eût dû figurer dans les pénitenciels
et faire l'objet d'une répression canonique ; cela n'est
point cependant et aucun pénitentiel, à ma connaissance, sauf celui de Réginon, ne prévoit la « monomachia » (1).

Peut-être faut-il expliquer cette absence par l'influence des mœurs sur les dispensateurs de pénitences ;
ceux-ci admirent peut être le duel favorisé par l'opinion publique et reconnurent que les peines canoniques
si elles étaient parfois efficaces, eurent bien plus souvent un effet minime sur ceux qui voulaient se battre
en duel.

ATTON (2)

Cet évêque de Verceil mentionna le duel dans son
ouvrage *de Pressuris ecclesiasticis*, recueil des griefs
du clergé contre les laïques et surtout contre la juri-

---

(1) Cf. sur les Pénitenciels, Migne, *Patr. lat.* Tables, t. II,
CCXIX col. 1334 *de pœnitentia* et notamment tomes LXXX,
col. 443-977 ; XCIX, col. 901-964-987 ; LXXXIX, col. 401-887 ;
CV, col. 693 ; CX, col. 471 ; CXXXII, col. 245 ; CCX, col. 281.

(2) Atton, évêque de Verceil (Piémont) « doctrina, moribus
et zelo insignis » eut une grande réputation ; il mourut
vers 960.

diction laïque. Dans les procès intéressant à la fois un ecclésiastique et un laïque, le duel est ordonné, aussi Atton se plaint de cette vexation infligée au clergé de son diocèse (1). Que les laïques usent du duel il y consent, mais ce genre de preuve n'est point fait pour les ecclésiastiques ; même les laïques agiraient mieux en ne s'en servant pas car le duel judiciaire donne souvent une mauvaise justice : « Addunt insuper quoniam si aliquis militum sacerdotes Dei in crimine pulsaverit, per pugnam hoc singulari certamine esse discernendum. Sed istud judicium quorumdam laicorum summodo est, quod nec ipsis etiam omnino approbatur : nam sæpe innocentes victi, nocentes vero victores in tali judicio esse videntur (2). »

BURCHARD (3)

Son *Décret* (4), composé entre 1012 et 1023 est favorable aux ordalies en général, car il contient et ap-

---

(1) Réginon admettait dans ce cas le duel judiciaire. *Vide supra*, p. 54.

(2) Migne, *Patr. lat.*, CXXIV, col. 58.

(3) Burchard, nommé en 996 évêque de Worms, mourut en 1025.

(4) Migne, *Patr. lat.*, CXL.

prouve les décisions des conciles de Worms (868) can. 10 : « Sepe contingit, ut in monasteriis monachorum furta perpetrentur. Idcirco statuinus, ut quando ipsi fratres de talibus expurgare se debeant... omnes communicent in hec verba : Corpus Domini sit tibi ad probationem hodie (1) » ; — de Mayence (847), can. 24 : « Qui presbyterum occidit, si negaverit... si servus, per duodecim vomeres ferventes se purget (2) » ; — de Tribur (895) can. 10 : « homo nobilis vel ingenuus... sicùt qui ingenuus non est, ferventi aqua aut candenti ferro se expurget (3). » Quant au duel, l'évêque de Worms ne le prohibe pas d'une manière expresse et directe ; si, en effet, il cite l'opinion de Nicolas Ier, lib. IX, cap. 51 : « de singulari certamine quod Lotharius molitus est contra Thietbirgam uxorem suam » et sa lettre à Charles le Chauve, cap. 49, 50, 51, 52, 53 (4), le livre IX n'est point spécial à la matière des ordalies mais s'applique, au contraire, à un sujet bien différent : « de feminis non consecratis » ; l'opinion du pape est ainsi plutôt épisodique et se rapporte à la cause célèbre de Lothaire et de Teutberge dans le sujet du divorce.

Comme Réginon, Burchard ne semble donc pas accorder à l'avis pontifical toute l'autorité dont il était digne ; d'autre part, il accepte en vertu d'autorités

___

(1) Décret, XI, 66, Migne, *ibid*.
(2) Décret VI, 7, Migne, *ibid*.
(3) Décret XVI, 19, Migne, *ibid*,
(4) Migne, *ibid*. Sur l'opinion de Nicolas Ier, *Vide supra*, pp. 41, 42 et note.

synodales (1), l'usage de certaines ordalies ; il n'a point dû, en conséquence, répudier l'emploi du duel judiciaire.

YVES DE CHARTRES (2)

Ce grand évêque rapporte dans le *Décret* (3), l'opinion de Nicolas 1er, non sur la matière spéciale des ordalies ou du duel judiciaire, mais seulement à l'occasion du mariage de Lothaire et de Teutberge et au sujet des rapports des deux époux. En effet, les cap. 187 et 188 se trouvent dans la pars VIII « de legitimis conjugiis, de virginibus et viduis non velatis » entre, le cap. 186 « de muliere, si sine licentia viri sui velum sibi imposuerit » et le cap. 189 « de illis qui in alias provincias fugerint, aut suos seniores secuti fuerint, uxoribus suis domi relictis (4). » C'est assez

---

(1) Avant Burchard, Réginon admet, en matière d'ordalies, les canons des conciles précités, *Vide lib.* II « *de ecclesiasticis disciplinis* », 277, 302.

(2) Yves de Chartres étudia la théologie au monastère du Bec, sous la direction de Lanfranc ; il fut d'abord abbé de Saint-Quentin, de Beauvais, puis le pape Urbain II le fit évêque de Chartres en 1092 ; il mourut en 1115, après avoir exercé sur ses contemporains, une grande influence.

(3) Migne, *Patr. lat.*, CLXI.

(4) *Ibid.*, col. 622, 623.

dire que la préoccupation d'Yves de Chartres ne porta pas, dans le *Décret*, sur la légitimité du duel judiciaire et que la « monomachia » y fut seulement représentée comme un épisode de la vie conjugale de Lothaire et de Teutberge.

Au contraire, le prélat émet, sur les ordalies, son avis personnel dans neuf lettres adressées à ses correspondants, lettres 74, 168, 183, 205, 232, 247, 249, 252, 280 (1). De celles-ci, les lettres 168, 183, 247 et 280 traitent spécialement du duel judiciaire, tandis que l'avis de Nicolas Ier sur la « monomachia », est cité à propos de l'épreuve du fer chaud, comme prohibition de tenter Dieu par l'une quelconque des ordalies sur lesquelles, d'ailleurs, Yves reproduit une consultation du pape Etienne V (885-891) à l'évêque de Mayence sur les épreuves du fer chaud et de l'eau bouillante (Décret, pars X, cap. 27 (2), lettres 74, 205, 252, 280), — et un fragment de la lettre adressée par le pape Alexandre II (1061-1073) à l'évêque de Cûmes contre les épreuves de l'eau chaude, de l'eau froide, du fer chaud et « cujuslibet popularis inventionis. » (Décret, pars X, cap. 15 (3),-Panormie, lib. V, cap. 7, 8 (4),- lettre 74).

---

(1) Migne, *Patr. lat.*, CLXII, col. 95, 96-170, 171-184-210, 211-235-254-255-257, 258-281. Cf. P. Fournier, *Yves de Chartres et le droit canonique*, pp. 25-29.

(2) Migne, *Patr. lat.*, CLXI, col. 699.

(3) *Ibid.*, col. 695.

(4) *Ibid.*, col. 1214, 1215.

Appuyé sur ces décisions pontificales et sur l'idée plus générale énoncée par saint Augustin, « quando habet homo quod faciat, non debet tentare Deum suum (1) », l'évêque de Chartres semblerait solide dans les enseignements de l'église, si sa correspondance ne contrariait une telle conclusion. Dans les lettres où il traite du duel judiciaire, Yves tantôt consulte un de ses confrères (lettre 168), tantôt est consulté, en général par des membres du clergé inférieur (lettres 183, 280), tantôt donne spontanément son avis (lettre 247).

Dans la lettre 168, adressée à Daimbert, archevêque de Sens, Yves expose à ce prélat un litige né dans son diocèse, à l'occasion d'une question de propriété et lui indique la solution qu'il a cru devoir donner, « præcipimus judicium fieri ; judicatumque est quia hæc causa sine monomachia terminari non poterat et judicium sanguinis nobis agitare non licebat, ut utraque pars irent in curiam comitissæ, ad quam talia judicia pertinebant (2) ; » la lettre 247, dont le destinataire était Jean, évêque d'Aure, contient des reproches à l'égard de celui-ci : Yves, ayant appris que Jean a ordonné le duel judiciaire entre deux soldats, s'écrie : « Quod audientes valde mirati sumus, cum monomachia vix aut nunquam sine sanguinis effusione transigi valeat... Quomodo enim Ecclesia judicare debet fundendum sanguinem alienum, quæ a primo ortu suo jussa est fundere sanguinem proprium ? Faciant hæc cuncti

---

(1) Migne, *Patr. lat.*, CLXII, col. 184.
(2) *Ibid.*, col. 171.

judices qui ad malorum vindictam gladium materialem portant non qui contra nequitias spirituales gladio spiritus pugnant (1). » L'évêque de Chartres admet donc que les juges laïques peuvent ordonner le duel ; il existe, à son avis, deux sortes de justices, l'une ennemie, l'autre amie du combat et cependant, s'il se conforme à cette maxime que le sang est pour l'Eglise un objet d'horreur, il méconnaît, en même temps, le principe général et plus haut, énoncé souvent par lui, « tu ne tenteras point le Seigneur ton Dieu. »

D'un autre côté, en vertu de cette même parole de saint Augustin, Yves, par la lettre 183, adressée à Guillaume, archidiacre de l'église de Paris, défend l'emploi du duel dans une cause de rupture de fiançailles, « in hujusmodi causis, monomachia nullo modo admittanda est quia secundum beatum Augustinum : Quamdiu habet homo quid (*al* quod) faciat non debet tentare Deum suum (2). » Enfin, dans la lettre 280 à Lisiard, évêque de Soissons, Yves, consulté par l'archidiacre de ce dernier, déclare, au sujet de l'épreuve du fer chaud et du duel judiciaire que « leges ecclesiasticæ potius hoc prohibent quam jubent (3), » ce qui n'est point, certes, une condamnation catégorique.

Telle est l'opinion d'Yves de Chartres à l'égard du duel ; même s'il est permis de soumettre cette ordalie à l'idée générale — quoique spéciale, dans la

-----

(1) *Ibid.*, col. 254.
(2) *Ibid.*, CLXII, col. 184.
(3) *Ibid.*, col. 281.

lettre 205, à l'épreuve du fer rouge — « per exami-
nationem ferri candentis occulto Dei judicio multos
videamus nocentes liberatos, multos innocentes sæpe
damnatos (1), » idée qui reproduit le vieux concept
d'Agobard, en matière de duel judiciaire, d'après
lequel il ne faut pas essayer de sonder les desseins
impénétrables de Dieu, en qui réside toute justice, une
nouvelle contradiction surgit de la lettre 252, adressée
à Radulf, archevêque de Reims : « Non negamus
tamen quin ad divina aliquando recurrendum sit testimonia quando, præcedente ordinaria accusatione,
omnino desunt humana testimonia ; non quod lex
hoc instituerit divina, sed quod exigat incredulitas
humana (2). »

La doctrine d'Ives est donc plutôt flottante à l'égard
du duel ; cependant, armé de l'autorité spéciale de
Nicolas Ier et de célle, plus générale, d'Etienne V
et d'Alexandre II, connaissant probablement les écrits
d'Agobard et les canons du concile de Valence, il
aurait pu frapper sévèrement le duel et peut-être sa
décision eût impressionné les contemporains, venant
d'un des hommes les plus influents de son époque. Au
contraire, il transige avec les mœurs ; il admet et tout
au moins constate, sans condamner cette pratique,
que les juges laïques ordonnent le duel dans leurs
cours et si, parfois, il défend à des ecclésiastiques
l'usage du combat, d'autres fois, il semble hésiter entre

____

(1) *Ibid.*, col. 210.
(2) *Ibid.*, col. 258.

la tolérance et la prohibition. Yves n'est donc pas ferme dans son appréciation du duel judiciaire, il paraît se complaire dans une moyenne entre l'intransigeance d'Agobard et le laisser faire d'Hincmar de Reims ; il use tour à tour de sévérité et d'indulgence et par là ne satisfait personne. En réalité, Yves cherchait à concilier les mœurs de l'époque avec l'esprit de l'Eglise et sans doute il tolérait ce qu'il ne pouvait empêcher ; aussi, ne faut-il point l'inculper à l'excès pour n'avoir pas élevé contre le duel une voix sévère : il s'efforça d'écarter le clergé et son emploi, en chassant le duel des tribunaux ecclésiastiques (1) ; à l'égard des tribunaux laïques, il laissa faire par impuissance.

En somme, suivant dom Huynes, au sujet du duel, « Yves de Chartres escrit que c'estoit tenter Dieu ; néantmoins il en approuvoit l'usaige pourveu que l'execution s'en fist par authorité du juge (2) »

Il n'est pas dans mon dessein d'étudier, d'après la correspondance du grand évêque, l'épreuve du fer chaud, malgré les analogies qu'elle présenterait, comme ordalie, avec le duel judiciaire ; il faut cependant reconnaître qu'Yves fut encore plus indulgent pour

____

(1) Cependant vers la fin du onzième siècle (1090-1100), un duel fut ordonné à la *cour* d'Yves de Chartres entre l'abbé de Saint Père et le seigneur Payen de Rémald. Cf. Guérard, *Cartulaire de l'abbaye de saint Père de Chartres* II, cap. LXIII, pp. 313, 314.

(2) P. Marchegay, *Archives d'Anjou*, I, 449, note.

elle que pour le combat : à son égard, en effet, ne s'appliquait pas le principe *Ecclesia abhorret a san-guine*, aussi est-elle tolérée même devant les tribunaux ecclésiastiques (lettre 252) (1) et considérée comme sans appel dans le litige qu'elle sert à trancher (lettre 232) (2); néanmoins, subsistait toujours la grande idée théorique de saint Augustin, mais Yves, pour suivre son temps, est obligé de n'en point tenir compte.

GRATIEN (3).

Son *Décret*, résumé des compilations antérieures de droit canonique, devait naturellement traiter des ordalies. En effet, le sommaire de la c. II, deuxième partie est ainsi rédigé : «..... Quinto, si deficientibus accusatoribus sit cogendus ad purgationem ? (4) », c'est la q. 5. dans laquelle Gratien pose ce principe juridique que le demandeur doit prouver.

---

(1) Migne, *Patr. lat.* CLXII, col. 258.

(2) *Ibid.*, col. 235.

(3) Gratien , moine de Saint-Félix-de-Bologne , mourut en 1152.

(4) *Decretum magistri Gratiani*, col. 455, *apud Corpus juris canonici* ed. Friedberg, pars prior; Migne, *Patr. lat.*, CLXXXVII.

Il est adversaire des ordalies en général et manifeste
son aversion en interdisant le serment aux ecclésiastiques d'après la lettre du pape Alexandre II à l'évêque de Cûmes que Gratien attribue, par erreur, à
l'évêque Grégoire Menna, « juramentum a sacerdotibus
non est exigendum (1) », q. 5, c. 1-19 ; — il prohibe
les épreuves du fer chaud et de l'eau bouillante, suivant la lettre d'Étienne V à l'évêque de Mayence,
c. 21, « juramento vero candentis ferri vel ferventis
aquæ purgatio non est addenda (2). » Au duel, Gratien
oppose le sentiment du pape Nicolas I, déjà souvent
cité, mais il lui donne une portée trop large — car la
rubrique du c. 22 est : « In novo testamento monomachia non recipitur (3) » — et d'ailleurs contredite par
les c. 23 et 24 qui reproduisent les décisions des conciles de Worms (868), c. 15 et de Seligenstadt (1122) (4),
c. 7, favorables aux ordalies.

D'ailleurs, ces dérogations n'entament point la conviction de Gratien indiquée par la rubrique du c. 22 :
Gratien est ennemi du duel et il fait suivre son opinion

(1) *Corpus jur. can.*, col. 455, — note sur c. 7, col. 457.
(2) *Ibid.*, col. 462.
(3) *Ibid.*, col. 464 ; Cf. *Decretum Gratiani emendatum et
notationibus illustratum una cum glosis Gregorii* XIII *pont.
max. jussu editum*, p. 654, des éditions de 1584 et de 1606.
(4) *Decretum* ed. Friedberg, col. 464. — Les conciles de
Worms et de Seligenstadt ne sont pas nommément favorables au
duel, mais il est aisé de voir que Gratien les considère cependant comme tels, d'après les expressions *contra* (c. 23), *item*
(c. 24).

personnelle de l'autorité la plus imposante en cette
matière, la plus lointaine, celle qu'avant lui ont citée
presque tous les canonistes, l'autorité de Nicolas I ; à
côté de celle ci, il est vrai, il énonce des opinions
dissidentes. mais c'est afin que les lecteurs de sa com-
pilation de droit canon puissent, auprès de la bonne
doctrine, juger de la mauvaise. Il ne faudrait pas voir,
dans cette juxtaposition, en apparence disparate, un
effet de l'indécision de Gratien : d'un côté, opinion de
Nicolas ennemi de la *monomachia*; de l'autre, décrets
de deux conciles favorables au jugement de Dieu, voilà
la question entière, telle que l'envisage Gratien ; il fait
des canons des conciles l'exception et de l'avis de
Nicolas, la règle. Et celle-ci repose sur l'idée : *tu ne
tenteras pas le Seigneur*, inhérente aussi aux consultations d'Etienne V et d'Alexandre II citées par Gratien. Peut-être même, faut il conclure de l'expression
in novo testamento comprise dansla rubri que du c. 22
qu'il distinguait entre la morale de l'Ancien Testament
et celle du Christianisme, car celle-ci enseigne le
pardon des injures, condamne la loi de talion anciennement admise, exige l'observation exacte de la maxime
ne occides.

CANONISTES CONTEMPORAINS DE GRATIEN

ET POSTÉRIEURS A LUI

Saint Bernard (1), le célèbre fondateur de l'abbaye
de Citeaux, ne fit pas sur le duel judiciaire un traité
spécial ; son opinion est éparse dans ses œuvres et
quelques-unes de ses lettres flagellent le barbare préjugé : « Quæ miseros tam dira libido excitat, quod
proximi corpus gladio, cujus fortassis et anima perit,
transverberent ? (2) (lettre 363) ; — dans la lettre 376,
adressée à l'abbé de Saint-Denis, Sugerius, il l'exhorte
et le prie « ut duellis quorumdam principum se oppo-
nat » ; cette lettre, très pressante, s'applique, suivant
certains, non au duel, mais à des tournois (3). Quoi

(1) Saint Bernard, né vers 1090 et mort en 1155, fonda le
monastère de Citeaux et eut avec Abélard des démêlés reten-
tissants.

(2) Migne, *Patr. lat.* CLXXXII, col 566.

(3) *Ibid.*, col. 581 et note 988.

qu'il en soit, il ressort de l'ensemble de ses ouvrages
que saint Bernard condamne les ordalies et, en particulier, le duel.

Pierre le Chantre (1) (Petrus Cantor) est, parmi
ceux des canonistes qui ont écrit sur le duel, celui qui,
posant la question sur un terrain logique, a le mieux
démontré l'absurdité et la vanité de cette épreuve judiciaire. Dans le *Verbum abreviatum* cap. 78 « contra peregrina judicia ferri candentis et aquæ frigidæ
vel bullientis », il examine les ordalies en général, en
désapprouve l'usage et n'admet point la raison parfois
invoquée en leur faveur, la faiblesse humaine, « post-
quam autem deficit humana ratio », dit-il, « comman-
det se homo Deo, non tentando, sed devote confi-
tendo (2) ». Sur le duel judiciaire auquel il consacre
quelques lignes, à la fin du cap. 78, il s'exprime ainsi :
« Pugil commissurus monomachiam, vel confidit in
virtute et robore suo magis, vel in exercitio artis, vel
in omnimoda innocentia sua, vel in miraculo Dei fa-
ciendo. Si in virtute sua vel in artis peritia, ergo inæ-
quale est judicium. Si in omnimoda innocentia,
præsumptio est et anticipatio divini judicii, in quo
solo *manifestabuntur abscondita cordis nostri*

---

(1) Pierre le Chantre, qui refusa les évêchés de Paris et de
Tournai pour se consacrer à la vie monastique, dans l'ordre des
Cisterciens, mourut en 1197.

(2) Migne, *Patr. lat.*, CCV, col. 226.

(I. Cor. IV). Si in miraculo. diabolica tentatio est, cum dictum sit : *Non tentabis Dominum Deum tuum* (Matth. IV) dum habes quid agas secundum humanam rationem (1) » Il est difficile d'analyser plus nettement l'ordalie du duel et personne, avant Pierre le Chantre, même Agobard. n'avait uni aussi harmonieusement les arguments canoniques avec les arguments rationels, la religion catholique et la raison humaine condamnent le duel.

Pierre de Poitiers (2) (Petrus Pictaviensis), au lib. IV *Sententiarum*, sur le « Ne occides » étudie le duel ; pour lui, il vaut mieux être pendu que de se battre en duel ; la mort est préférable au meurtre, idée ancienne. déjà énoncée par Agobard : les martyrs chrétiens ont fondé l'Eglise « moriendo non occidendo ». Aussi, le choix entre ces deux partis caractérise l'homme « si perfectus est magis debet eligere suspendium ; si vero imperfectus, monomachiam » (3). Pierre

---

(1) *Ibid.*, col. 233.

(2) Pierre de Poitiers, élève de Pierre Lombard, fut maître et chancelier à l'Université de Paris, où il professa la théologie ; il mourut au commencement du treizième siècle.

(3) Migne, *Patr. lat.*, CCXI. col. 1151.

de Poitiers ajoute ainsi son effort à ceux précédemment tentés contre le duel (1).

---

(1) Saint Thomas d'Aquin, lumière du moyen âge, effleure, lui aussi, le duel ; il ne le condamne pas ouvertement, mais, en conformité avec la tradition ecclésiastique, il l'assimile aux autres ordalies et en déclare l'emploi illicite, car c'est la mise de Dieu à l'épreuve, « judicium ferri candentis vel aquæ ferventis... hujusmodi judicium illicitum redditur tum quia ordinatur ad judicanda occulta quæ divino judicio reservantur, tum etiam quia hujus modi judicium, non est autoritate divina sancitum... Et eadem ratio videtur esse de lege duellorum ». Cf. *Somme théologique,* éd. Lachat, p. 298.

II

LES CONCILES

LES DÉCRÉTALES

LES CONCILES

A côté des canonistes, les conciles établirent la doctrine ecclésiastique ; leur importance est plus ou moins grande suivant qu'ils furent généraux ou régionaux et il ne faut pas s'étonner toujours de la faveur accordée par leurs canons aux ordalies en général et, en particulier, au duel judiciaire : la raison de ce fait est très simple si l'on considère que les conciles étaient des assemblées d'évêques qui, individuellement, tout au moins dans le haut moyen âge, autorisaient ou toléraient souvent le duel judiciaire.

Au début, les conciles qui s'occupèrent des ordalies leur furent favorables ; les synodes de Dingolfingen et de Neuhing, réunis vers 770, n'autorisent pas expressément le duel, mais ils en tolèrent l'usage : « De eo quod si quis de qualecumque reatu accusatus ab aliquo, potestatem accipiat cum accusatore suo pacificare, si voluerit, antequam pugnam, quam vocant Wehadinc fixe promittat » (syn. de Dingolfingen, can. 11) (1) ; — devant le concile de Francfort (794) Pierre évêque de Verdun, à défaut de cojureurs pour se disculper de l'accusation portée contre lui, offre « spontanea voluntate » de subir le jugement de Dieu, « qui episcopus dum quibus juraret non invenisset, elegit sibi ipse, ut suus homo ad Dei judicium iret et..... secundum ejus innocentiam Deus adjuvaret illum suum hominem, qui ad illum judicium exiturus erat » (cap. 9) ; le concile se défend d'avoir ordonné cette épreuve judiciaire mais il ne fait contre elle aucune protestation (2). Le concile de Mayence (847) admet, à l'usage des esclaves, les ordalies : « Qui presbyterum occidit, si negaverit..... si servus, per duodecim vomeres ferventes se purget » (can. 24) (3).

Cependant, le concile de Valence (855) marque un arrêt dans cette voie de tolérance : il prohibe le duel et menace ceux qui en font usage de peines canoniques telles que le concile de Trente (1563), désireux d'enrayer le duel moderne, se bornera à les ressusciter (4).

---

(1). *Mon. Germ. Hist. Legum*, t. III, pp. 461, 464-468. Héfélé, *Conciles V*, pp. 26, 29. Déjà, en 691 ou 692, un concile ou synode réuni en Angleterre sous la présidence du roi Ina de Wessex, défendait de se battre en duel, par le canon 6. Cf. Héfélé, IV, p. 231.

(2) *Mon. Germ. Hist. Legum*, sect. II, t. I, *Capitularia regum Francorum*, ed. Alfr. Boretius.

(3) A. Esmein, *Histoire de la procédure criminelle en France*, p. 26.

(4) *Vide supra*, pp. 39, 40.

Mais ce concile a, dans notre matière, une autorité
spéciale et qu'il ne faut pas exagérer : il faisait suite
aux protestations d'Agobard, continuateur d'Avitus,
contre la loi Gombette ; il était composé seulement des
évêques des provinces ecclésiastiques de Lyon, de
Vienne et d'Arles, imbus sans doute des enseignements d'Agobard, et s'il avait en Burgondie une autorité doctrinale peut-être considérable, ses canons sont
d'un poids léger dans l'évolution de la doctrine canonique sur le duel, si léger même que ce concile n'est
point cité dans les œuvres des docteurs ni dans les
encyclopédies de droit canon comme celles d'Yves de
Chartres et de Gratien ; son existence fut dès lors peu
connue, et il ne faut la considérer que comme une
initiative provinciale, non admise dans la répression
canonique du duel judiciaire, qui échoua, peut-être,
à cause de son extrême sévérité hors de proportion
avec les habitudes générales.

Le concile de Tribur (895) ne défend pas, au contraire, les ordalies, « homo nobilis vel ingenuus... sicut
qui ingenuus non est, ferventi aqua aut candenti ferro se
expurget (can.10) (1). Néanmoins, le concile de Limoges (994) confirma les canons de celui de Valence (2),
mais ses décisions passèrent, de même, inaperçues ;
elles sont absentes des œuvres canoniques, et leur
rigueur fut, sans doute, l'obstacle principal à leur suc-
cès. D'autre part, le synode de Seligenstadt (1022) est

---

(1) Esmein, *op. et loc. cit.*
(2) F. de Campigneulles, *op. cit.*, 1, p. 39.

favorable au jugement de Dieu : « statuit quoque sancta synodus, si duo de adulterio accusati fuerint, et ambo negaverint, et si erant sibi concedi ut alter illorum utrosque divino purget judicio, si unus deciderit, ambo rei habeantur (1). » Le P. de Smedt ne croit pas, cependant, d'après la composition du synode, que celui-ci admette les ordalies, mais il résulte du Décret de Gratien que la décision du synode de Seligenstadt est opposée, c. 11, q. 5, c. 24, comme favorable au duel, au c. 22 qui contient le principe antiduelliste.

Le concile de Lillebonne (1080 ou 1082), réuni par Guillaume le Conquérant, défend le duel aux ecclésiastiques : « Si clericus duellum sine episcopi licentia susceperit aut assultum fecerit episcopo per pecuniam emendetur (2) ; mais il résulte de cette prohibition que, malgré les efforts de la doctrine, le duel atteignait même la classe ecclésiastique. La gravité du mal fut d'ailleurs démontrée par les conciles de Paris (1212) et de Rouen (1214), qui interdisent les duels dans les cimetières (3).

Le quatrième concile œcuménique de Latran (1215) s'occupe du duel dans son can. 18 : « Sententiam sanguinis nullus clericus dictet aut proferat, sed nec sanguinis vindictam exerceat aut ubi exercetur intersit... Nec quisquam purgationi aquæ ferventis vel frigidæ,

---

(1) Mansi, *Conc.* XIX, p. 398: De Smedt, *op. cit.*, p. 35.

(2) Brussel, *Usage général des fiefs en France*, p. 960. — *Mémoires de la Société des Antiquaires de Normandie*, XXII, 579, n° 1.

(3) Héfélé, *Conc.* VIII, p. 111, c. 15.

seu ferri caudentis ritum cujuslibet benedictionis au_t
consecrationis impendat : salvis nihilominus prohibi-
tionibus de monomachiis sive duellis antea promulga-
tio (1). » Sur ce texte, le P. de Smedt prétend, d'après
l'opinion de Mansi, que les défenses déjà promulguées
seraient celles du troisième concile œcuménique de Latran (1179), can. 20, qui vise les tournois et non le duel
judiciaire ; le quatrième concile de Latran serait donc
sans importance dans le débat (2). Je crois, au contraire, que le canon 18 de ce concile s'applique aux
ordalies en général, d'ailleurs nettement désignées, et
que les défenses auparavant promulguées étaient celles
dont le duel judiciaire fut déjà frappé par les conciles
ou décrétales et auxquelles, d'un commun accord, se
réfèrent les prélats du concile.

En 1302 (3), le concile de Peñafiel défendit d'appeler au combat les évêques et les chanoines (4).

Enfin, le concile œcuménique de Trente (1563), qui
renouvela, contre le duel moderne, les peines canoniques décrétées bien avant par le concile de Valence,
en matière de duel judiciaire, touche par un point à
l'ancienne procédure. Le concile de Trente condamne

---

(1) Mansi, *Conc.* XXII, p. 1006. — Héfélé, *Conc.* VIII, 132.

(2) Mansi, *ibid.* p. 229. — De Smedt, *op. cit.* pp. 42-43. —
Héfélé, *Conc.* VII, 507.

(3) Le concile réuni à Trèves le 1er mars 1227 défend par
e c. 9, à tout clerc, de porter les armes, de bénir un fer chaud,
d'assister à un duel, à un tournoi ou à une exécution. — Héfélé,
Conc. VIII, 202.

(4) F. de Campigneulles, *op. cit.* II, 98.

le duel dans sa session 25. chap. 19, *de la Reforma-tion*, mais comme certains docteurs estimaient que ses canons visaient seulement les duels publics et solennels, Grégoire XIII étendit les peines édictées par le concile (excommunication, refus de sépulture) aux duels privés et particuliers, par la Bulle *Ad tollendum*, du 24 décembre 1582, que confirma Benoit XIV, le 10 novembre 1752, par la Bulle *Detestabilem* (1).

---

(1) Pallavicini, *Historia concilii Tridentini*, III, lib. 24, cap. 7, decr. 19.— Sarpi, *Histoire du Concile de Trente*, trad. Le Courayer, pp. 196, 214, 240. — *Conférences ecclésiastiques du diocèse d'Angers* : sur le VIII° commandement. — Wagner, *Dictionnaire de Droit canonique*, v° *Duel*. — *Institutiones S. Alphonsi Mariæ de Ligorio*, I, 853.

II

LES DÉCRÉTALES

Enfin, la papauté joignit aux autres éléments de la doctrine son sentiment à l'égard du duel ; nous avons rencontré déjà plusieurs décisions pontificales mentionnées par les canonistes à l'appui de leur opinion, mais il convient, pour compléter cette étude, de citer les décisions ou décrétales des papes concernant le duel judiciaire.

Le pape Jean XIII (965-972) semble, d'après le prologue d'une constitution d'Othon le Grand rendue, en 967, à Vérone, avoir participé à l'établissement de ses dispositions qui prescrivent le duel même pour affaires concernant biens et hommes d'Eglise (1).

____

(1) Patelta, *op. cit.* p. 288 ; de Smedt, *op. cit.*, p. 24. — Je ne cite pas ici les décisions des papes Nicolas 1er et Etienne V. examinées plus haut. *Vide*, pp. 41, 42, 54, 55, 58, 60, 66 — 60, 66.

De même, si est exact le résumé du moine de Farfa, le pape Grégoire V (996-999) aurait toléré le combat dans le plaid célèbre tenu à Rome, l'an 998, dans la basilique de Saint-Pierre, en sa présence et devant l'empereur Othon III, le Roux ; un procès divisait Hugues, abbé de Farfa et les prêtres de Saint-Eustache de Rome et, malgré l'opposition du juge romain, l'abbé obtint que la cause fût jugée selon les lois lombardes, c'est-à-dire par le duel. Si cette défaillance du pape est véridique, elle fut rachetée l'année suivante : le même Hugues de Farfa, dans un nouveau procès, invoqua devant Grégoire V, la constitution de Vérone, pour être admis à défendre son droit par le combat ; le pape refusa, mais Hugues prétendit qu'il avait été corrompu à prix d'argent (1).

Cependant Alexandre II (1061-1073) répond à une consultation de Reinald, évêque de Cûmes, par une décrétale déjà citée contre les ordalies « cujuslibet popularis inventionis (2). » Pascal II (1099-1118) confirmant, en 1114, les privilèges accordés par Louis le Gros, en 1108, à Notre-Dame de Paris, ne mentionne pas le droit au duel des serfs de l'Eglise (3) ; Innocent II (1130-1143) donne, en 1140, une bulle qui, en vertu des canons, ôte leur fonction aux clercs qui usent du combat, par eux-mêmes ou par champions (4).

----

(1) Patetta, *op. cit.* ; de Smedt, *op. cit.*

(2) Migne, *Patr. lat.*, CXLVI, 1046.

(3) Tanon, *Histoire des justices des anciennes églises et communautés monastiques de Paris*, p. 21.

(4) Du Cange, *Gloss.*, vº *duellum* ; *Conf. eccl. d'Angers* ; *Dict. dr. can.*, vº *duel* ; Brissaud, *op. cit.*

Mais la faiblesse d'Eugène III (1145-1153) détone dans ce concert sévère ; suivant Pierre le Chantre, l'évêque et l'église de Paris faisaient combattre leurs hôtes dans la cour de l'hôtel épiscopal ou dans celle de la maison de l'archidiacre ; plusieurs églises consultèrent sur cette pratique le pape, qui répondit : « Utimini consuetudine vestra » (1), réponse neutre qui ne blâme pas l'église parisienne.

Adrien IV (1154-1159), au contraire, par une bulle du 8 avril 1156, défend à l'abbé de Saint-Germain d'Auxerre, Ardouin, de juger les procès par la procédure du duel, « pravam et detestabilem consuetudinem » ; il ordonne que, désormais, quiconque intentera une action contre l'abbaye prouvera son droit par témoins, raison et justice (2). Alexandre III (3) (1151-1181) réprouve lecombat judiciaire par un bref du 13 février 1163 ou 1164, adressé à l'évêque d'Auxerre : informé par celui-ci que quelques-uns de ses hommes de corps s'étaient soustraits à sa seigneurie pour reconnaître d'autres seigneurs qui refusaient de les rendre à l'évêque à moins que celui-ci ne prouvât par le duel son droit sur eux, le pape prescrit pour connaître la vérité, l'emploi de témoins et autres moyens légaux : « Quia monomachia

______

(1) Tanon, *op. loc. cit.*

(2) Maximilien Quantin, *Cartulaire général de l'Yonne*, 1, 543, charte 379.

(3) F. de Campigneulles, *op. cit.*, 1, p. 39, *Conf. eccl. d'Angers* ; *Dict. dr. can.* ; Wagner, v° *duel* ; du Cange, *Gloss.* v° *duellum*.

sacris sit canonibus interdicta (1). » Le 10 septembre 1171, il écrivit à l'archevêque d'Upsal une lettre
contre le duel et les ordalies (2); il rendit aussi deux
décrétales concernant des prêtres ou clercs qui avaient
offert ou accepté un duel et autorise toutefois leurs
évêques à faire grâce de la déposition qu'ils avaient
encourue (3). Célestin III (4) (1191-1198), interrogé
par un évêque sur le point de savoir si le combat est
permis dans les procès relatifs à des biens d'Eglise,
répondit par une décrétale défavorable à cette procédure ; une autre suivit bientôt contre les champions et
ceux qui les engageaient. Innocent III (5) (1198-1216)

____

(1) Max. Quantin, *op. cit.*, II, 163, charte 148.

(2) Migne, *Patr. lat.*, CC, 855-859... « Ferventis vero aquæ
vel candentis ferri judicium, sive duellum quod monomachia
dicitur, catholica Ecclesia contra quemlibet etiam. nedum contra episcopum, non admittit... Illos vero qui in clericos violentas
manus nisi forte se defendentes, injiciunt, pœnam excommuni-
cationis incurrere sacrosancta Romana jampridem statuit et
inviolabiliter tenet Ecclesia. »

(3) De Smedt. *op. cit.*, p. 29; Bruns, *Beitræge zù den deutschen Rechten des Mittelalters*, p, 321.

(4) F. de Campigneulles, *op. et loc. cit.* ; Wagner,
Dict. dr. can. Vº *duel* ; du Cange, *Gloss.*, Vº *duellum* ; de
Smedt, *op. cit.*, p. 30 ; *Corpus juris canonici*, éd. Friedberg,
Décrétales de Grégoire IX, lib. V. tit. 35, *de purgatione vulgari*, cap. 1... « utrum super ecclesiarum possessionibus duella
debeant sustineri, tuæ duximus sollicitudini respondendum,
quod in eo casu vel aliis etiam hoc non debes aliquatenus tole-
rare. » *Corpus jur. can. Decret. Grégoire IX*, lib. V,
tit. 19, c. 2.

(5) Tardif, *La procédure civile et criminelle aux treizieme
et quatorzième siècles,* pp. 91 et seq. *Corp. jur. can., Dé-*

charge le prieur de Saint-Sergius de Spolète d'exé-
cuter sa sentence au sujet d'une confiscation à suite de
duel; par une lettre adressée à un chanoine de l'église
Saint-Ursin, à Bourges, il casse de la dignité de
prieur un chanoine, comme ayant été membre d'un
tribunal qui avait autorisé le combat judiciaire; cependant, à raison de la coutume établie d'ordonner
cette procédure (1), il le relève, pour l'avenir, de
l'irrégularité commise. La théorie antiduelliste du pape
semble, d'ailleurs, peu solide : il approuva les statuts
municipaux de la ville de Bénévent, dépendance du
domaine temporel du Saint-Siège, d'après lesquels le
droit coutumier et la loi Lombarde étaient le fonds de
la législation, le droit romain étant d'usage seulement
dans les cas non prévus (2). Honorius III (1216-1227)
écrivit une lettre sévère aux magistrats et au peuple de
Florence qui voulaient terminer par un duel leur procès avec les chanoines de l'Eglise des Saints-Apô-
tres (3).

Désormais, la papauté est ferme contre les
duels, les défaillances même passagères disparaissent.

---

crétales de Grégoire IX, l. V, tit. 35, cap. 2; de Smedt,
op. cit, pp. 31, 32.

(1) Migne, *Patr. lat.*, CCXV, 1381... « Verum quoniam
hujusmodi duellorum judicia juxta pravam quorumdam consuetudinem regionum non solum a laicis seu clericis in minoribus
ordinibus constitutis, sedetiam a majoribus ecclesiarum præ-
latis consueverunt... »

(2) Patetta, *op, cit*, p. 367 ; de Smedt, *op. cit.*, pp. 31, 32.

(3) De Smedt, *op. cit.*, p. 33; Patetta, p. 369.

Grégoire IX (1227-1241), par la bulle « Rex pacificus » du 5 septembre 1234, envoya aux Universités de Bologne et de Paris la collection des décrétales rendues par les papes, depuis Grátien (milieu du douzième siècle); dans cet ensemble de droit canonique, le duel fut opposé avec les autres ordalies, « purgatio vulgaris », au serment « purgatio canonica », seule épreuve admise par l'Eglise (1).

Innocent IV (2) (1243-1254) adressa, le 4 septembre 1245 « decano et capitulo Parisiensi », une lettre pour défendre le combat proposé par quelques hommes qui s'étaient affranchis de l'autorité du chapitre de Notre-Dame (3); la même année, il écrivit aux évêques de Tournai et d'Utrecht afin que les clercs de leurs diocèses soient tenus d'accorder les trêves demandées (4) et le 23 juillet 1252, il manda à l'évêque de Troyes une bulle contre les duels (5).

----

(1) *Corpus jur. can. Décrétales de Grégoire IX*, tit. 34, *de purgatio canonica*, tit. 35, *de purgatione vulgari.*

(2) Wagner, *Dict. dr. can.* V° *Duel.*

(3) Guérard, *Cartulaire de Notre-Dame de Paris*, II, 394, charte 13.

(4) P. Viollet, *Etablissements de Saint-Louis*, I, 180 et seq. L'Eglise avait créé, depuis longtemps déjà, la trêve de Dieu qui interdisait toute lutte « du mercredy soir au lundy matin en mémoire de la Passion et de la Résurrection du Sauveur. » Cette trêve fut règlementée par les conciles de Toulujes (1041), Rouen (1097), Rome (1102). Cf. Jean Savaron, *Traicté contre les duels*, p. 71 ; Glasson, *Histoire du droit et des institutions de l'Angleterre*, p. 456 ; dom Brugeles, *Chroniques ecclésiastiques du diocèse d'Auch*, p. 107.

(5) *Nouvelle Revue historique*, 1887, p. 170.

Alexandre IV (1254-1261) rendit, le 23 juillet 1255, une bulle pour abolir la coutume suivant laquelle les ecclésiastiques devaient prouver par le combat leur droit sur les serfs des églises, quand ceux-ci voulaient reconnaître d'autres seigneurs (1) ; le 13 février 1258, il composa pour l'évêque d'Auxerre, une autre bulle contre les duels (2).

Clément V (1305-1314), durant un voyage en Languedoc, écrivit à Philippe le Bel, le 27 janvier 1309, au sujet du combat décidé entre Raimond d'Hunaud de Lautar, chevalier, et Astulfe de Roquefort, son cousin, qui devaient comparaître pour cela « au prochain Parlement » : le pape pria le roi d'accommoder les deux gentilshommes et de proroger le combat jusqu'au parlement suivant (3).

Martin V (1417-1431) rendit, le 29 août 1425, une bulle pour empêcher le duel entre le duc Philippe de Bourgogne et Homfrei de Glocester (4).

Jules II (1503-1513), par la bulle « Regis pacifici » du 24 février 1509 (5) ; Léon X (1513-1521), par la bulle « Quam Deo », du 23 juillet 1519 (6) ; Clément VII (1523-1534) par la bulle « Consuevit romanus.

---

(1) Durand de Maillane, *Dictionnaire de droit canonique et de pratique bénéficiale*, V° *Duel*.

(2) *Nouvelle revue historique*, 1887, p. 170.

(3) *Histoire générale du Languedoc*, IX, 311

(4) *Histoire des papes*, t. IV, p. 302.

(5) Wagner, *Dict. dr. can.*, V° *Duel. Conf. eccl.*, Angers.

(6) Wagner, *op. et loc. cit. Conf. eccl.*, Angers.

pontifex (1); » Pie IV (1559-1565) par la bulle « Ea
quæ a præcessoribus », du 13 novembre 1560 (2) ;
Clément VIII (1592-1605), par la bulle « Illius vices »,
du 16 septembre 1592 (3) maintinrent contre le duel
la tradition ecclésiastique. Même au milieu du dix-
huitième siècle, Benoît XIV (1740-1758), par la bulle
« Detestabilem », du 10 novembre 1752, rappela, pour
la flétrir, au sujet des prescriptions du concile de
Trente, la vieille coutume du combat judiciaire (4).

*
* *

Le même enseignement résulte de la brève énumé-
ration des Conciles et des Décrétales ; dans le haut
moyen âge, les uns comme les autres sont favorables
aux ordalies et notamment au duel judiciaire ; c'est
plus tard seulement que l'Eglise flétrit d'une manière
uniforme cette procédure qui disparaît d'ailleurs peu à
peu, sous l'action bienfaisante des mœurs.

---

(1) *Ibid.*
(2) *Ibid.*
(3) *Ibid.*
(4) *Ibid. Institutiones S. Alphonsi Mariæ de Ligorio,* I,
853.

CONCLUSION

En résumé, si je rassemble les trois éléments de la
doctrine de l'Eglise, je parviens aux conclusions
suivantes :

Les canonistes ou docteurs, spécialement étudiés ici,
ne sont pas unanimes à proscrire le duel ; seul, Agobard
est ferme ; Hincmar tolère les ordalies et Yves de
Chartres hésite sur la légitimité du duel ; Gratien, au
contraire, et ses successeurs se prononcent nettement
contre lui.

Les conciles sont, en général, favorables à cette
ordalie jusqu'au quatrième concile de Latran, sauf les
tentatives avortées des conciles de Valence et de
Limoges.

Les papes ne sont pas d'une intransigeance constante
à l'égard du duel jusqu'au jour où Grégoire IX, faisant
le départ entre la « purgatio canonica » et la « purgatio
vulgaris », écarte celle-ci de la doctrine ecclésiastique.

Dans le haut moyen âge, l'Eglise est donc plutôt

favorable au duel judiciaire par sa doctrine ; la raison de ce fait est simple si l'on songe qu'alors le duel était la procédure courante ; que non seulement les laïques mais aussi les clercs, abbés, évêques la pratiquaient dans les procès touchant leurs intérêts temporels ; que les mœurs étaient plus fortes que la doctrine ecclésiastique. Celle-ci a subi l'influence de la pratique du clergé tant séculier que régulier : les conciles sont composés de prélats qui, seigneurs temporels, défendent souvent par champions leurs prérogatives ; les docteurs et les papes n'osent pas de longtemps, attaquer en face le duel qu'un apparat tout religieux défend et, en quelque sorte, excuse. La doctrine, impressionnée par les habitudes générales, est dès lors flottante ; elle devint solide quand les mœurs, peu à peu hostiles au duel, lui fournirent leur appui.

TABLE DES MATIÈRES

Toulouse. — Imp. Lagarde et Sebille, rue Romiguières, 3

www.ingramcontent.com/pod-product-compliance
Ingram Content Group UK Ltd.
Pitfield, Milton Keynes, MK11 3LW, UK
UKHW020020100726
13658UKWH00003B/1006